영적 순례자들을 위한 40일 묵상

기도하며 함께 걷는
출애굽의 길

Forty day Meditations for Spiritual Pilgrims

도서출판 TOBIA

강신덕 목사는

서울신학대학교와 캐나다 밴쿠버 리젠트 칼리지에서 기독교교육과 제자훈련을 공부하고 기독교대한성결교회 총회 교육국에서 오랫동안 성서교재 만드는 일에 헌신했다. 현재는 샬롬교회 책임목사로 사역하고 있으며, 토비아선교회에서 순례와 말씀 아카데미 그리고 콘텐츠 선교로 헌신하고 있다. 그 외에 다양한 번역과 저술 활동에도 힘쓰고 있다. 저서로는 『성경여행』, 『예수의 길』, 『바울의 길』, 『갈릴리의 길』, 『이방의 길』, 『광야의 길』, 『요한의 길』, 『족장의 길』, 『결실』, 『이 사람을 보라』, 『라헬의 눈물』, 『하나님의 어린양』 등이 있다. 번역서로는 『내향적인 그리스도인을 위한 교회 사용 설명서』(2022. IVP)가 있다.

영적 순례자들을 위한 40일 묵상

기도하며 함께 걷는 출애굽의 길

Forty day Meditations for Spiritual Pilgrims

1판 1쇄 2026년 1월 15일

저자_강신덕
편집_정부선
디자인_정부선
펴낸이_강신덕
펴낸곳_도서출판 토비아
등록_107-28-69342
주소_03383) 서울특별시 은평구 은평로 21길 31-12, 4층
T 02-738-2082 F 02-738-2083

ISBN: 979-11-91729-38-2 03230

* 도서출판 토비아는 토비아선교회가 순례, 말씀사역, 콘텐츠선교를 위해 세운 출판브랜드입니다.

영적 순례자들을 위한 40일 묵상

기도하며 함께 걷는

출애굽의 길

Forty day Meditations for Spiritual Pilgrims

도서출판사 TOBIA

"출애굽의 길" 묵상집은

순례하는 마음으로 믿음의 길을 가는 여러분을 위해 만들었습니다.

1. 일상에서 순례자로 말씀 묵상을 원하시는 분들에게 40일간의 묵상을 권합니다.
2. 출애굽의 배경이 되는 이집트 지역 순례를 계획하신다면 이 묵상집과 함께 순례의 길을 떠나시기 바랍니다.
3. 사순절과 고난주간 그리고 부활절을 묵상하며 보내는 자료로 활용하실 수 있습니다.
4. 공동체의 의미 있는 기도와 말씀 나눔에 활용하셔도 좋습니다.

시각장애인을 위한 AL-소리도서관 이용

이 책은 시각장애인을 위한 사역단체, 에이엘미니스트리와의 협력으로 모든 텍스트를 시각장애인을 위한 소리로 제공합니다.

www.alsori.org

토비아선교회 유튜브채널

토비아선교회는 토비아 유튜브채널을통해 다양한 신앙콘텐츠를 제작하여 업로드하고 있습니다. 아래 QR코드를 스마트폰 카메라로 스캔하시면 토비아 유튜브채널에서 제공하는 다양한 영상 콘텐츠를 시청할 수있습니다.

랜선순례 콘텐츠는 토비아선교회가 제작하여 유튜브채널을 통해 공개한 영상 성지순례입니다. 예수님께서 사역하신 역사와 지리, 그 현장의 이야기와 깊은 묵상의 주제를 함께 나눕니다.

토비아선교회
유튜브채널

토비아선교회
랜선순례콘텐츠

토비아선교회
홈페이지

애굽을 떠나는 길

하나님을 알고 배우는 길

하나님 백성으로 세움 받은 길

Forty day Meditations for Spiritual Pilgrims

Prologue

견고한 세속의 세계로부터
하나님의 광야로 탈출하기

출애굽기 3장 7~8절
여호와께서 이르시되 내가 애굽에 있는 내 백성의 고통을 분명히 보고
그들이 그들의 감독자로 말미암아 부르짖음을 듣고 그 근심을 알고
내가 내려가서 그들을 애굽인의 손에서 건져내고
그들을 그 땅에서 인도하여 아름답고 광대한 땅, 젖과 꿀이 흐르는 땅
곧 가나안 족속, 헷 족속, 아모리 족속, 브리스 족속, 히위 족속,
여부스 족속의 지방에 데려가려 하노라

인간이 세운 마아트의 세계, 이집트

고대 이집트의 역사는 하나의 단일한 지역에서 시작되지 않았습니다. 여러 도시와 마을이 고대 이집트 문명의 발상지가 되었습니다. 그 가운데 특히 중요한 도시들은 멤피스, 헬리오폴리스, 아비도스, 그리고 훗날 정치·종교적 중심이 되는 테베였습니다. 이들 도시는 각기 다른 신화와 종교적 상상력을 품고 성장했습니다. 멤피스는 창조신 프타(Ptah)의 사유를 통해 '말씀으로 세계가 세워진다'는 신학을 길러냈고, 헬리오폴리스는 태양신 라(Ra)를 중심으로 우주 질서의 기원을 사유했습니다. 아비도스는 죽음과 부활의 신 오시리스(Osiris)를 통해 사후 세계의 윤곽을 제시했으며, 테베는 절대신 아문(Amun)을 중심으로 신적 권세를 응집해 갔습니다. 이 도시들은 서로

이집트는 여러 다른 고대 문명 가운데 단연 앞서는 문화를 꽃피웠다. 우리가 경이로운 시선으로 바라보고 방문하는 거대한 기자의 피라미드 역시 주전 2500년 경 고왕국 시대 작품이다.

경쟁하고 병합되는 과정을 거치며, 이집트라는 땅을 하나의 신화적 지도로 엮어 갔습니다.

이 신화적 상상력은 곧 이집트의 역사로 상징되는 돌과 구조물에 새겨지기 시작했습니다. 종교·신화의 발상지는 다발적이었으나, 정치적 현실에서 이집트는 상이집트와 하이집트라는 두 개의 정치 공동체로 나뉘어 있었습니다. 히브리어 성경이 이집트를 가리켜 '미스라임(Mizraim, 창 12:10, 출 1:1)'이라 부르는 것도 바로 이 두 이집트를 염두에 둔 표현입니다. 그러나 이 분리는 오래가지 않았습니다. 두 이집트는 곧 통일되었고, 이른바 고왕국(the Old Kingdom)이라 불리는 강력한 국가가 형성되었습니다. 기자와 사카라, 멤피스 일대에 남아 있는 피라미드(Pyramid)와 마스터바(Mastaba) 무덤들은 이 시기 이집트가 누렸던 압도적인 권세를 증언합니다. 그것들은 단순한 파라오의 장례 시설이 아니었습니다. 기자의 완성형 피라미드와 사카라 일대의 초기 피라미드들에서 확인되는 고왕국의 건축은, 신화가 파라오를 매개로 역사 속에 진입하는 결정적 장면을 보여 줍니다. 이 시절 태양신의 아들이자 살아 있는 호루스(Horus)로 이해된 파라오(Pharaoh)는 더 이상 신화의 추종자나 수혜자가 아니라 신화의 중심 인물이 되었고, 신들의 세계는 그의 생애와 통치 안으로 수렴되었습니다. 이집트의 역사는 이제 신들의 계보와 함께 왕의 계보를 따라 정렬되기 시작했습니다.

신들의 이집트가 인간 역사로서의 이집트로 전환되는 결정적인 무대는 테베였습니다. 상이집트의 중심지였던 테베에서 이집트는 역사적 절정에 이릅니다. 동쪽의 룩소르 신전(Luxor Temple)과 카르낙 신전(Karnak Temple), 그리고 서안의 '사자의 도시'(the city of the death), 곧 왕가의 계곡과 귀족 묘역들은 고왕국과 중왕국을 거쳐 축적된 신화와 종교 체계가 파라오가 다스리는 국가 질서 안에서 응집되는 과정을 보여 줍니다. 중왕국과 신왕국 시대에 이집트인들은 상·하 이집트 최고 신들의 결합인 아문-라(Amun-Ra)를 중심으로 한 현세의 세계와, 오시리스를 중심으로 한 사자(死者)의 세계를 함께 아우르는 거대한 세계관을 완성해 갔습니다. 그 과정에서 신들이 지배하는 세계의 실질적 통치자로서 파라오의 권세는 절대적으로 극대화되었습니다. 신왕국에 이르러 신들은 여전히 숭배되었지만, 그 숭배는 점점 파라오를 매개로 조직되었습니다. 고대 이집트는 이렇게 신화의 나라에서, 신화가 제국을 떠받치는 나라로 변모해 갔습니다.

신왕국 시대에 이르면 이집트의 종교와 정치는 새로운 국면에 접어듭니다. 그 전환을 가장 극적으로 보여 주는 유적이 바로 아스완 남쪽의 아부심벨(Abu Simbel)이라 불리는 신전입니다. 람세스 2세가 국경 지대의 암벽을 깎아 세운 이 신전은, 이집트가 더 이상 내부 질서에 만족하지 않고 제국적 확장을 신학적으로 정당화하려 했음을 보여 줍니다. 신전 전면에 배치된 네 개의 거대한 석상은, 이제 파라오가 신들을 떠받치는 존재가 아니라 신들 사이에서 신들과 동등한 위치로 부상했음을 시각적으로 선언합니다. 아부심벨에서 파라오는 단순한 신의 대리자가 아니라, 신적 권세를 스스로 품은 존재로 세워집니다. 해마다 정해진 날 태양의 광선이 신전 깊숙한 성소에 이르러 람세스의 얼굴을 비추는 구조는, 태양신의 질서와 왕의 통치가 하나의 리듬으로 결속되었음을 보여 주는 우주적 연출입니다. 신들의 계보는 유지되었으나, 국가의 중심은 분명히 파라오에게로 이동했습니다. 신학의 무게 중심이 옮겨간 것입니다.

이러한 흐름 속에서 이집트는 신왕국, 특히 제19왕조에 이르러 파라오를 정점으로 하는 견고하고 흔들림 없는 국가 체계를 완성합니다. 이 시대의 파라오들은 대규모 건축과 정복 전쟁을 통해 국가의 질서를 확장했고, 종교는 그 확장을 정당화하는 언어가 되었습니다. 신들은 점차 국가의 배후와 기반으로 물러나고, 파라오가 전면에 섰습니다. 그는 이집트의 경제와 정치, 문화와 종교를 아우르는 절대적 중심이 되었습니다. 최고신의 인정아래 중앙집권화를 실현한 파라오는 매해 나일강의 범람과 경작지의 규모를 예언하고, 그해의 소출을 가늠하여, 누구를 농경에 투입하고 누구를 군역과 노역에 동원할지, 자기 백성의 한해의 삶을 결정했습니다. 그는 심지어 건기(乾期) 나일강 동편과 서편에 광범위하게 자리 잡은 사막과 광야의 신들, 세트(Seth)와 같은 폭력적인 신이나 아포피스(Apophis) 같은 괴물이 벌이는 광포한 행보를 잠재우는 탁월함도 갖고 있었습니다. 그렇게 나일강에 기대어 살아가는 모든 생명체의 삶과 안녕은 파라오의 신적 판단 아래 놓이게 되었습니다. 이집트는 이제 신들이 다스리는 나라라기보다, 신들과 함께 신에 버금가는 파라오가 다스리는 나라가 되었습니다.

이집트의 이 모든 거대하고 세밀한 구조 체계의 토대에는 나일강(Nile River)이 흐르고 있었습니다. 나일강의 범람 주기를 이해하는 것은 고대 이집트인의 삶과 파라오 통치를 이해하는 핵심 열쇠입니다. 나일강은 마르지 않는 물줄기였고, 해마다 주기적으로 범람했습니다. 7월에서 10월 사이 아케트(Akhet)라 불린 범람기에는 나일강 나일강은 수단과 에티오피아로부터 발원해 이집트를 남북으로 가로질러 지중해로 흘러든다. 이집트를 흐르는 나일강은 일 년 내내 일정한 수량과 비옥한 토양을 강 주변 땅과 사람들에게 제공한다. 덕분에 케메트(Kemet)라고 불리는 나일강 주변은 변함없이 비옥하고 넉넉하다. 이집트 문명 번영의 근간이다. 그러나 나일강 주변으로부터 조금만 벗어나면 곧 광야와 사막이 나타난다. 데슈레트(Deshret)라고 불렸다. 이곳은 사람이 살기 어려운 척박한 땅이다.

주변의 대부분의 땅이 물에 잠겼습니다. 사막의 열풍이 몰아치는 동안, 상류에서 흘러온 물은 서서히 불어나 대지를 덮었습니다. 그러나 이 범람은 곧 잦아들었습니다. 11월에서 2월 사이 페레트(Peret)라 불린 시기에는 물이 물러가고, 비옥한 충적토가 드러났습니다. 이때 사람들은 씨를 뿌리고 농사에 전념했습니다. 그리고 3월에서 6월 사이 세무(Shemu)라 불린 시기에 곡식을 거두어들였습니다. 나일강의 범람은 농경의 리듬을 만들었고, 그 리듬은 제의와 행정의 시간표가 되었습니다. 농번기에는 경작에 집중하고, 범람기에는 신들과 파라오를 위한 국가 노역에 참여하는 삶. 고대 이집트인의 삶은 주기적이고 안정적이었으며, 그 안정성은 곧 질서에 대한 신뢰로 이어졌습니다. 나일강은 단순한 강이 아니라 경제·종교·정치가 교차하는 거룩한 축이었습니다.

신왕국 시대 테베에서 매년 거행되던 국가적 축제들은 이러한 통치 구조를 가장 분명하게 보여 줍니다. 특히 카르낙에서 룩소르로 이어지는 '신행렬'(the divine march)로 대표되는 오페트 축제(Opet Festival)는 단순한 종교 의식이 아니었습니다. 이 축제는 파라오가 신들의 축복을 받아 통치의 정당성을 재확인하는 정치적 사건이었으며, 동시에 나일강의 질서와 국가 질서를 하나로 묶는 공개 선언이었습니다. 파라오는 이 축제를 기점으로 매년 나일강의 범람 수위를 측정하고, 그 결과에 따라 경작지를 재분배했습니다. 범람이 풍부한 해에는 토지가 넉넉히 나누어졌고, 그렇지 못한 해에는 토지를 분배받지 못한 백성들이 군역이나 대규모 노역에 편입되었습니다. 이러한 통치는 중왕국 이후 지방 귀족 세력을 제압하고 왕권을 중앙에 집중시킨 뒤에야 가능했습니다. 신왕국의 파라오는 나일의 리듬을 행정과 경제, 종교로 조직함으로써 백성의 삶 전체를 관리하는 통치자가 되었고, 이집트는 극도로 강력한 파라오 중심 국가로 재편되었습니다.

이 통치 질서를 가장 집약적으로 보여 주는 상징이 바로 오벨리스크(Obelisk)입니다. 오벨리스크는 나일강 상류 아스완에서 출토된 거대한 화강암을 깎아 만든 단일 기둥으로, 기단에서 꼭대기의 피라미디온(pyramidion)까지 위로 갈수록 좁아지는 구조를 지닙니다. 가장 높은 곳의 피라미디온은 땅에서 하늘로 솟아오르는 태양의 광선을 돌로 고정한 형상이며, 동시에 신적 은총이 위로부터 아래로 흘러내리는 통로를 시각화한 장치입니다. 그 아래 길쭉한 직사각형 네 면에 새겨진 파라오의 이름과 업적은 그의 통치 자랑이나 인간의 야망 기록이 아닙니다. 그것은 파라오가 신적으로 부여된 질서를 어떻게 펼쳤는지에 대한 일종의 선포입니다. 파라오는 태양신의 은총을 받아 나일강의 범람을 안정적으로 유지하고, 그 결과 백성에게 풍요와 질서를 나누어 주는 존재로 제시되었습니다. 이집트의 통치는 폭력적 강압 이전에 은총의 분배라는 언어로 설명되었습니다. 나일강 중심의 안정적인 마아트(Ma'at)는 신들의 영역에서 출발했지만, 결국 파라오의 행정과 통치를 통해 구현되었습니다. 이집트는 이렇게 인간이 스스로의 힘으로 세운 거대하고 견고하며 안정적인 질서 그 자체가 되었고, 바로 이 완성된 세계를 향해 출애굽의 하나님은 결정적인 질문을 던지게 됩니다.

출애굽 하나님 구원 이야기
이집트의 세계와 하나님 백성 세계의 충돌

성경의 출애굽 이야기는 요셉이 애굽으로 팔려 내려간 시대, 곧 이집트 중왕국 시대(주전 약 2050~1650년)의 역사적 배경 위에서 시작됩니다. 이 시기 이집트는 나일강 델타를 단순한 변방이 아니라 제국의 생존과 확장을 좌우하는 전략적 공간으로 인식했습니다. 델타 지역은 열두 개에 이르는 나일강 지류가 퍼져 지중해로 흘러 들어가는 지점에 형성된 비옥한 땅이었습니다. 이곳은 이집트 농업의 핵심 곡창지대였을 뿐 아니라, 레반트와 아시아로 이어지는 국제 교역로의 관문이었습니다. 이러한 지리적 조건 속에서 이집트 중왕국 파라오들은 아시아로부터 넘어오는 셈계 이주민과 상인, 기술자들-후에 힉소스(Hyksos)라고 불리는 사람들을 비교적 유연하게 수용했습니다. 그리고 그들을 주로 이 델타 지역에 자리잡게 했습니다. 고고학적으로도 델타 동부 지역에서는 이집트식 주거 양식과 셈계 문화 요소가 공존하는 흔적들이 다수 확인됩니다. 중왕국 시대의 안정은 배타적 순수성에 기초한 것이 아니라, 파라오들에 의해 체계적으로 관리된 개방성과 통제된 다문화 구조 위에 세워진 질서였습니다.

그러나 이러한 개방적 질서는 힉소스인들이 이집트의 주류가 되고 이집트를 통치하던 시기에 급격한 전환점을 맞이합니다. 힉소스는 단일 민족 집단이 아니라, 나일강 델타에 장기간 정착한 아시아계 셈족 연합체이자 경제적, 정치·군사적 집단이었습니다. 후기 프톨레마이오스 시대 역사가 마네토(Manetho)의 기록과 고대 아바리스(Avaris) 유적 발굴 결과는 힉소스가 이집트 문명 외부에서 갑작스럽게 침입한 집단이 아니라, 이집트 사회 내부에서 점진적으로 성장한 존재였음을 보여 줍니다. 이들은 처음에는 피난과 교역을 목적으로 이집트에 들어와 정착했으나, 시간이 흐르면서 점차 정치·군사적

영향력을 확대했습니다. 결국 힉소스는 이집트 제2중간기 제15왕조를 세우며 지배층으로 부상합니다. 이들은 이집트 원주민 세력을 제압하고 자신들만의 독특한 복합 문화를 형성한 세력이었습니다. 그 결과 힉소스의 집권은 원주민 이집트인들에게 깊은 치욕의 기억으로 각인되었고, 이후 이집트의 역사 서술은 이 시기를 반드시 제거해야 할 '일탈'(aberration)로 규정하게 됩니다. 이 경험은 외래 집단 전반에 대한 구조적 불신을 낳는 결정적인 계기가 됩니다.

신왕국 시대(주전 약 1550~1070년)는 바로 이러한 기억의 반동 속에서, '위대한 이집트의 재건'이라는 기치 아래 형성된 체제였습니다. 제18왕조 이후 이집트는 군사·행정·종교 전반에 걸쳐 강력한 중앙집권화를 추진하며, 델타 지역을 다시 이집트적 질서 안에 단단히 고정시키고자 했습니다. 이 과정에서 힉소스와 그들이 몰고 온 아시아적 요소를 포함한 외래 집단은 흡수되거나 제거되거나, 혹은 국가 노동 체계로 편입되었습니다. 제18왕조의 아모세 이후 파라오들은 이 정책을 적극적으로 수행했으며, 제19왕조의 파라오들 역시 이러한 기조를 계승했습니다. 특히 람세스 2세 시대에 세워진 이른바 '사백 년 싸움 석비'(The Four Hundred Year Stela)는, 힉소스와의 투쟁이 단기적 사건이 아니라 장기적인 문명 정화 작업으로 인식되었음을 분명히 보여 줍니다. 이 기억의 정치 속에서 델타 지역의 혼합 인구는 점차 잠재적 위협으로 간주되었고, 그 결과 이집트의 자유민은 노역자들로, 이집트의 이웃은 하피루(Hapiru)로 불리는 사회적 계층으로 재분류되었습니다. 주목할 점은, 신왕국의 파라오들이 한편으로는 힉소스를 철저히 배척하면서도, 다른 한편으로는 그들이 지닌 기술적·군사적·행정적 성취를 이집트 문명의 번영을 위한 도구로 적극

활용했다는 사실입니다. 바로 이 양가적 태도가 하피루 계층을 이해하는 중요한 열쇠가 됩니다.

이러한 역사적 맥락 속에서 창세기 후반부의 요셉 서사는 새롭게 조명될 필요가 있습니다. 요셉 이야기는 이스라엘 자손이 이집트 사회 안으로 비교적 성공적으로 편입되었던 시기를 반영합니다. 요셉은 노예 신분으로 출발했으나, 곧 제국 행정의 핵심 인물로 부상하여 파라오의 국가 경제 개혁을 실질적으로 수행합니다(창 41~47장). 그는 흉년이라는 전 지중해 세계적 위기 속에서 곡물 저장과 분배 체계를 설계하며, 이집트 국가의 생존을 책임지는 인물이 됩니다. 이 서사는 외래인이 제국 시스템 안에서 기능적이고 유능한 구성원으로 받아들여질 수 있었던 시대적 조건을 보여 줍니다. 이 시기의 이스라엘 자손은 아직 종속 계층이 아니었으며, 보호와 환대의 대상이었습니다. 고센 땅 역시 격리된 수용 공간이라기보다, 이주 공동체가 안정적으로 정착할 수 있도록 허용된 관리 구역이었습니다. 다시 말해, 이 시기의 이집트는 이스라엘에게 억압의 공간이 아니라 생존과 번영의 터전이었습니다. 성경은 요셉의 이야기와 야곱 가족의 애굽 이주가 하나님의 뜻이자 섭리였음을 분명히 밝힙니다(창 45:5). 이는 하나님께서 당대 세계의 위기를 관리하시기 위해 당신의 백성을 세상 한가운데로 파송하신, 선교적 성격을 지닌 사건이었습니다.

그러나 출애굽기 1장은 이 관계가 근본적으로 전환되었음을 분명히 선언합니다. "요셉을 알지 못하는 새 왕"의 등장은 단순한 개인적 기억 상실이나 역사적 무지를 의미하지 않습니다. 이는 역사를 이해하는 정치적 맥락이 바뀌었음을 알리는 신학적 서술입니다. 과거 제국에 기여했던 외래 집단은 공로를 치하받을 대상이 아니라, 통제와 억압의 대상으로 재분류됩니다. 출애굽기 1장 8~14절은 인구 통제 정책, 강제 노동 동원, 국고성 건설이라는 구체적인 조치를 통해 이스라엘 자손으로 대별되는 힉소스 일부는 구조적으로 하피루화 되었습니다. 이 과정은 우발적인 폭력이나 일시적 감정의 폭발이 아니라, 신왕국 체제 아래에서 계획되고 실행된 국가 정책이었습니다. 벽돌 제조와 대규모 토목 공사는 이집트 제국 재건의 핵심 사업이었고, 이스라엘 자손은 그 노동력을 떠받치는 집단으로 전락합니다. 애굽은 하피루화된 외래 집단을 절대로 자기들 평안의 질서(ma'at of peace)에 포함시키지 않았습니다. 신왕국으로 구별되는 '바로를 알지 못하는 새 왕의 새대'에 하나님의 백성은 애굽 사람들의 안정된 마아트의 세계를 강압적으로 떠받들어야 하는 종들이었습니다. 성경은 이 시기 이스라엘의 고난을 개인적 불행이 아니라, 거대한 제국 시스템이 낳은 구조적 결과로 묘사합니다.

이 지점에서 출애굽기는 민족의 수난 서사를 넘어, 창세기로부터 이어지는 세속 문명을 향한 명료한 비판의 언어를 사용합니다. 이집트는 질서와 안정, 번영과 영속성을 약속하는 거대한 구조로 제시됩니다. 나일강의 주기적 범람, 체계화된 행정, 신성화된 왕권은 모두 '흔들리지 않는 세계'를 지향합니다. 그러나 이 안정은 창세기 11장의 바벨탑 이야기와 마찬가지로, 하나님의 질서에 도전하는 인간 교만의 프로젝트로 드러납니다. 이 구조 안에서 인간은 목적이 아니라 수단으로 취급됩니다. 성경은 이집트 문명을 절대적으로 악마화하지는 않지만, 그 견고한 안정이 인간의 자유와 존엄을 잠식하는 방식으로 작동하고 있음을 분명히 드러냅니다. 하나님께서는 인간이 쌓아 올린 견고한 구조 안에서 당신의 백성을 보호하시기보다, 그 구조 자체로부터 불러내십니다. 성경에서 구원은 체제 내부의 점진적 개혁이 아니라, 근본적인 탈출과 이동입니다.

출애굽기의 핵심 선언은 바로 이 지점에서 선명하게 울려 퍼집니다. "내 백성을 보내라 그들이 나를 섬길 것이니라"(출 8:1). 이 선언은 정치적 독립이나 민족 해방만을 말하지 않습니다. 그것은 창세기적 맥락에서 하나님의 피조물 인간이 누구를 섬길 것인가, 피조물 인간의 삶을 궁극적으로 지배하는 주권자는 누구인가에 대한 근본적인 질문입니다. 이집트에서의 종살이는 단순한 경제적 착취가 아니라, 세속적 체제가 마련한 신학적 질서에 대한 종속이었습니다. 파라오를 섬긴다는 것은 이집트의 우주 질서, 곧 마아트에 복속되는 것을 의미했습니다. 더 나아가 파라오가 제공하는 질서와 안정이라는 이름의 굴종 메커니즘에 점차 익숙해지는 것을 뜻했습니다. 따라서 출애굽은 노동 조건의 개선이 아니라, 예배의 방향이 바뀌는 사건이며, 섬김의 대상이 근본적으로 전환되는 신학적 혁명입니다.

출애굽 이야기는 결국 하나님 백성의 고착화되어버린 세속 질서로부터의 해방과 구원을 다룹니다. 하나님께서는 세상에 수고하려 내려간 당신의 백성들, 그러나 그 세상으로부터 고통당하는 백성을 거기로부터 이끌어내십니다. 이것이야말로 출애굽기의 핵심이며, 요체입니다. 그런데 성경은 애굽로부터의 해방 이후 곧바로 안정과 번영을 약속하지 않습니다. 하나님께서는 해방된 당신의 백성을 의도적으로 광야로 이끄십니다. 광야는 도시도 아니고, 제국도 아니며, 농경체계의 기반도 없는 공간입니다. 나일강처럼 예측 가능한 생명줄도

고대 이집트 문명은 나일강 주변 도시들에서 발전했다. 하(下) 이집트의 멤피스와 헬리오폴리스, 상(上) 이집트의 아비도스와 테베 등이 그 중심지였다. 오늘날 이집트의 수도 카이로는 오래된 고대도시 멤피스와 헬리오폴리스 위쪽에 이슬람 시대에 새로 세워진 도시 푸스타트(al Fustat)이다.

없고, 축적된 곡물 창고도 존재하지 않습니다. 정치적으로나 경제적으로 매우 유동적이고 불안정한 환경입니다. 그럼에도 불구하고 하나님께서는 바로 그곳을 출애굽 이후 당신의 백성이 나아가야 할 여정의 핵심 무대로 선택하십니다. 이는 자유가 곧 안정이라는 인간의 기대를 근본적으로 해체하는 방식입니다. 광야는 혼란의 공간이 아니라, 신뢰와 믿음을 배우는 장소이며, 하나님과의 관계가 새롭게 재구성되는 가운데 하나님 백성의 정체성과 사명이 형성되는 장입니다. 그곳에서 백성은 더 이상 제국의 구조에 의존하지 않고, 날마다 하나님의 인도하심에 의지하며 살아가는 법을 배우게 됩니다.

따라서 이번 <출애굽의 길> 묵상은 분명한 신학적 중심을 갖습니다. 출애굽은 과거에 한 번 일어난 역사적 사건으로 머물지 않습니다. 그것은 하나님께서 역사 속 당신의 백성을 다루시는 반복적인 방식이며, 구원의 전형입니다. 하나님께서는 당신의 백성을 견고하고 안정되어 보이는 애굽으로부터 이끌어내셔서, 유동성과 변화가 가득한 사막과 들판의 광야로 인도하십니다. 이는 단순한 장소 이동이 아니라, 삶의 구조와 신뢰의 토대가 전환되는 사건입니다. 애굽이 고체처럼 굳어 있는 세속의 세계라면, 광야는 끊임없이 움직이며 방향을 묻는 믿음의 세계입니다. 이 묵상집은 압제적인 애굽으로의 회귀도, 방종을 부추기는 광야의 낭만화도 경계합니다. 오히려 하나님께서 왜 당신의 백성을 불안정한 광야로 이끄셨는지를 묻고, 그 길 위에서 형성되는 새로운 정체성과 공동체의 모습을 성찰합니다. 이 관점은 이 책 <출애굽의 길>의 전체 구조와 내용을 설명하는 핵심 기조로 확장될 것입니다. 목표는 분명합니다. 하나님을 섬기는 자유, 그리고 그 자유를 감당할 수 있도록 빚어지는 여정, 그것이 바로 출애굽의 길입니다.

기도하며 함께 걷는 <출애굽의 길> 읽기

이 책은 한 민족의 '탈출담'을 시간 순서로 정리한 단순한 재정리 기록이 아닙니다. 하나님의 사람이 어떻게 세상의 질서 안으로 들어가고, 그 질서 가운데 압제적으로 길들여지며, 마침내 하나님에 의해 다시 불려 나오는가를 추적하는 영적 지도입니다. 첫 번째 장, '애굽으로 내려가는 길'은 문명의 기원과 번영의 민낯을 하나님께서 주시는 신앙의 지혜로 응시하는 여정입니다. 이 장에는 가인과 함의 자손으로 상징되는 힘의 계보, 거짓된 신들이 늘어선 전당, 라합이라 불린 제국의 교만, 목이 곧은 통치자 바로의 신격화, 그리고 그 체계 안으로 스며든 하나님의 백성이 겪는 고통스러운 삶이 펼쳐집니다. 애굽은 단지 억압의 땅이 아니라, 살 만해 보이는 세계, 정착하고 싶은 질서, 기대를 걸고 싶은 안전의 이름이었습니다. 그래서 하나님의 백성은 그곳에서 나그네로 머물렀으나, 점점 그 질서에 몸을 맞추어 살아가게 됩니다.

두 번째 장, '헛된 세상 섬기는 길'은 애굽의 질서가 하나님의 백성의 삶을 어떻게 재편하는지를 보여 줍니다. 고센의 번성은 축복처럼 보였지만, 요셉을 알지 못하는 바로의 등장은 번영이 언제든 위협으로 전환될 수 있음을 드러냅니다. 새로운 애굽은 낯설어 즉각 피하게 만드는 폭력이 아니라, 효율과 안정으로 가장된 폭력으로 다가와 하나님의 백성을 현혹합니다. 그 거짓된 질서 속에서 하나님의 백성의 도피처이자 세상을 위한 지혜의 보고였던 고센은 무너지고, 백성은 종이 되며, 생명의 탄생마저 통제되는 라헬의 눈물 골짜기가 이어집니다. 그러나 하나님께서는 이 어둠 속에서 조용히 한 아이를 일으키십니다. 모세입니다. 그의 등장은 체제의 균열이 아니라, 하나님의 시간표가 움직이기 시작했음을 알리는 징표입니다.

세 번째와 네 번째 장, '하나님께서 싸우신 길'과 '애굽을 떠나는 길'은 출애굽 서사를 묵상하는 중요한 정점입니다. 하나님께서는 고통 가운데 있는 당신의 백성에게 오시고, 그들을 구원으로 부르시며, 그들을 위해 친히 싸우십니다. 하나님께서 싸우시는 가운데 애굽 마아트의 축이었던 나일강의 질서는 흔들리고, 최고의 태양신의 힘은 무력화되며, 유월절의 피 아래서 하나님께서 구원하시려는 백성의 생명은 보존됩니다. 그러나 유월절의 구원은 문을 나서는 것으로 끝나지 않습니다. 잡족과 함께한 출발, 숙곳에 모인 혼합된 공동체, 가까운 해안길 대신 선택된 광야길, 구름과 불의 인도, 비하히롯 앞의 절망, 홍해의 도하, 그리고 미리암의 노래에 이르기까지, 출애굽의 여정은 단 한 순간의 기적 같은 사건이 아니라, 하나님을 신뢰하도록 이끄시는 긴 구원의 과정입니다.

이어지는 다섯 번째 장 '하나님을 알고 배우는 길'과 여섯 번째 장 '하나님 백성으로 세움 받은 길'은 유월절과 홍해 구원의 출애굽 서사의 극적인 사건들 이후 광야의 여정과 시내산에서의 일들을 다룹니다. 출애굽 여정에서 광야는 교육과 훈련의 공간, 정체성이 빚어지는 자리로 드러납니다. 하나님께서는 이 여정 속에서 필요를 채우시고, 안식하게 하시며, 날마다 양식으로 백성을 빚으십니다. 특히 시내산 앞에서 하나님께서는 구원받은 이스라엘 자손에게 당신 스스로 정체성을 부여하시고 그들이 당신의 소유임을 선언하십니다. 이 과정 가운데 그들은 하나님의 임재 앞에서 제사장 공동체로 새로이 부

이스라엘 자손 출애굽의 일차 목적지는 시나이반도 중남부의 시내산이었다. 하나님께서는 고대로부터 스스로 견고하고 교만한 애굽으로부터 이스라엘과 잡족을 구원으로 부르시고 이곳 시내산에서 세상과 바로가 아닌 하나님과 하나님의 율법을 따르고 순종하는 하나님의 백성으로 세우셨다. 하나님의 백성된 이스라엘은 이곳으로부터 사명의 땅 가나안으로 부름받아 나아갔다.

름받고, 금송아지의 유혹이라는 깊은 위기를 겪는 가운데, 성막 가운데 움직이시는 하나님을 따라 진을 이루어 가나안을 향해 나아가는 길을 열게 됩니다.

물론 민수기 9장의 시내산 출발이 하나님의 구원 서사가 완결되었음을 의미하지는 않습니다. 하나님의 거룩한 백성, 제사장의 나라로 시내산을 떠난 이스라엘 자손은 다베라와 기브롯핫다아와, 그리고 하세롯 등지에서 하나님의 백성답지 못한 모습을 반복해서 드러냅니다. 이는 출애굽의 서사가 결코 단편으로 끝나지 않음을 보여 줍니다. 출애굽의 이야기를 읽고 경험한다는 것은 '구원받았다'는 선언으로 모든 것을 종결하는 일이 아닙니다. 그것은 세상이 작동하는 방식을 분별하는 눈을 얻기 위한 지속적인 훈련의 여정이며, 성경 전체를 관통하여 하나님 나라로 이어지는 하나님의 일하심을 이해하는 안목을 길러 가는 과정입니다. 그렇게 애굽은 과거의 제국이 아니라, 언제든 반복되는 세상 나라의 상징으로 드러납니다. 번영하는 경제, 안정된 통치, 눈부신 문명은 언제나 하나님의 백성에게 질문을 던집니다. 우리는 지금 어디에 기대어 살고 있는가. 무엇을 신뢰하며, 누구의 질서 안에서 안전을 확보하려 하는가.

출애굽의 여정에서 유월절과 홍해는 분명한 구원의 사건입니다. 그러나 성경은 그 장면에서 이야기를 멈추지 않습니다. 오히려 그 이후에 펼쳐지는 광야길을 길게 기록함으로써, 구원이 무엇을 향하고 있는지를 묻습니다. 그래서 애굽을 떠났다는 사실만큼 중요한 질문은 이것입니다. '애굽의 방식이 우리 안에서 어떻게 벗겨지고 있는가.' 결국 광야는 자유가 주어지는 공간이지만, 방종이 허락되는 장소는 아닙니다. 동시에 애굽은 질서와 안정의 상징처럼 보이지만, 하나님의 백성에게 다시 선택될 수 있는 삶의 방향은 아닙니다. 출애굽 신앙은 단절의 감격으로 완성되지 않고, 구원 이후의 시간을 어떻게 살아낼 것인가라는 더 깊은 물음으로 우리를 이끕니다. 하나님의 백성이 걷는 길은 견고한 애굽으로의 회귀도 아니고, 목적 없이 유동하는 광야에 머무는 길도 아닙니다. 그것은 방향을 배우는 시간이며, 하나님과 동행하는 삶의 리듬을 몸으로 익혀 가는 과정입니다.

그래서 <기도하며 함께 걷는 출애굽의 길> 묵상은 성경 출애굽 사건을 빠르게 해석하거나 몇몇 단편적인 교훈으로 정리하는 데 서두르지 않습니다. 대신 그 모든 부르심과 세우심, 그리고 보내심의 길 위에서 하나님께서 어떻게 일하셨는지를 천천히 바라보도록 기도자들을 초대합니다. 하나님께서 어디에서 싸우셨는지, 어디에서 기다리셨는지, 어디에서 앞서 가셨는지를 따라 걷는 일은 곧 오늘 우리의 신앙을 점검하는 일이 됩니다. 출애굽의 길은 성경 속에 박제된 과거의 서사가 아니라, 하나님의 백성이 반복해서 통과해야 할 믿음의 여정입니다. 우리는 여전히 애굽과 광야, 그리고 약속의 땅 사이를 살아갑니다. 구원받은 하나님의 백성으로서, 삶의 많은 순간에서 우리는 이미 떠났다고 생각하지만, 여전히 붙들고 있는 세속의 질서가 있고, 자유를 말하지만, 끝내 방향을 잃은 채 서성일 때가 있습니다. 이 묵상은 그러한 자리에서 조용히 '어디에 있는지', '누구의 인도를 받고 있는지' 질문을 건넵니다. 그리고 말씀 안에서 그리고 하나님을 믿는 신앙 안에서 답을 추구하도록 돕습니다.

새 밀레니엄의 도래 이래 시대에 대한 분석에 탁월했던 지그문트 바우만(Zigmund Bauman)은 현대 사회를 '액체처럼 유동적인 세계'로 진단했습니다. 그런데 그가 말하는 고정된 형태와 목적을 거부하고 끊임없이 이동하는 삶은 자유로워 보이지만, 동시에 깊은 불안을 동반합니다. 바우만에 의하면 현대인은 이제 이런 액체적 현실을 무시하거나 외면할 수 없습니다. 그렇다고 안정적인 고체의 시대로 되돌아갈 수도 없습니다. 현대인은 끊임없이 유동적이어야 하는 현실을 살아가야 합니다. 이 묵상집이 제안하는 출애굽의 길은 그러한 유동성만 가득한 자유를 마냥 긍정하지 않습니다. 성경이 증언하는 출애굽의 자유는 하나님의 인도 아래 모든 고착화된 것으로부터 떠나 해방된 자유를 경험하는 것을 넘어서 하나님의 질서 아래 참 평안(shalom)이 있는 궁극의 목적지를 향해 나아가기로 하는 자유이기 때문입니다. 그래서 출애굽 여정, 하나님께서 이끄시는 길은 빠르지 않지만 분명하며, 모든 것이 예측 가능하지는 않지만 결코 방황하지 않습니다. '기도하며 함께 걷는 출애굽의 길'은 세상의 질서에 떠밀려 움직이는 삶에서 벗어나, 하나님의 약속을 향해 자신의 걸음을 다시 정렬하는 연습입니다. 이 책은 독자를 앞서 끌고 가지도, 뒤에서 다그치지도 않습니다. 다만 같은 속도로, 같은 방향을 바라보며, 끝까지 함께 걷는 묵상의 동반자가 되고자 합니다.

Forty day Meditations for Spiritual Pilgrims

애굽으로 내려가는 길

Forty day Meditations for Spiritual Pilgrims

애굽으로 내려가는 길

함의 자손들

창세기 10장 8~9절
구스가 또 니므롯을 낳았으니 그는 세상에 첫 용사라
그가 여호와 앞에서 용감한 사냥꾼이 되었으므로 속담에 이르기를
아무는 여호와 앞에 니므롯 같이 용감한 사냥꾼이로다 하더라

노아에게는 세 아들이 있었습니다. 셈과 함과 야벳입니다. 창세기 10장은 홍수 이후 노아의 아들들이 온 세상으로 퍼져나갔음을 전합니다. 그중에서도 함의 자손의 확산은 특별한 주의를 끕니다. 그의 자손들은 세상 각 자리에서 번성하며 고대 세상 문명의 주요 거점을 형성해 나갔습니다. 특히 구스의 아들 니므롯은 동쪽으로 나아가 메소포타미아, 곧 시날 땅에 이르렀고, 그곳에서 여러 도시를 세웠습니다(창 10:8~12). 그 땅은 이후 바벨(Babel)이라 불리게 됩니다. 또한 함의 아들 미스라임의 자손들은 나일강 유역에 정착하여 번성했고(창 10:13~14), 오늘 우리가 애굽이라 부르는 문명의 기원을 이루었습니다. 앗수르와 바벨론, 그리고 애굽은 모두 이후 성경 역사에서 하나님의 백성과 깊이 얽히는 세상 문명의 이름들입니다.

함의 자손 가운데 특별히 주목할 인물은 니므롯입니다. 성경은 그를 "세상에 첫 용사"요 "여호와 앞에서 용감한 사냥꾼"이라 부릅니

다(창 10:9). 그러나 이 표현은 칭송이 아니라 경고에 가깝습니다. '여호와 앞에서'라는 말은 하나님을 경외하며 선 자리가 아니라, 하나님을 대면하여 맞서는 위치를 가리킵니다. 유대 역사가 요세푸스(F. Josephus)는 니므롯을 하나님을 두려워하지 않고 자기 힘을 신뢰하도록 사람들을 선동한 반역자로 묘사합니다. 실제로 니므롯이라는 이름은 '반역하다'라는 의미의 히브리어 어근 '마라드'(*marad*)와 연결되기도 합니다. 그는 자신의 힘과 사람들의 지혜를 모아 하나님을 배제한 도시, 하나님 없이 작동하는 질서와 제도를 구축해 나갔습니다. 바벨탑은 그가 품었던 하늘을 향한 반역의 상징이었습니다.

니므롯은 가인과 라멕으로 이어지는 창세기 원역사의 흐름 위에 서 있는 인물입니다. 그는 인간의 교만과 불순종이 집약된 존재로서 도시와 국가를 세워 나갔습니다. 성경은 그가 바벨에서 시작하여 앗수르(Asshur)로 확장하며 니느웨(Nineveh)와 갈라(Calah), 레센(Resen) 등 여러 도시와 나라들을 건설했다고 전합니다(창 10:10~12). 니므롯의 도시와 나라들은 성경 안에서 단발적인 사건이 아니라 반복되는 이야기입니다. 그것들은 니므롯 이후에도 꾸준히 나타났습니다. 하나님 없이 안전을 확보하려는 시도, 하나님 없이 번영을 지속하려는 문명적 실험은 성경의 이야기가 이어지는 내내 세대를 거쳐 재생산되었습니다. 애굽 역시 그 연장선에 놓여 있습니다. 미스라임의 자손들은 시날 땅에서 시도된 바벨의 질서를 나일강 유역으로 옮겨와 확장했습니다. 우리의 성경읽기는 니므롯의 바벨탑 사건 이후 미스라임의 이야기에서 하나님을 향한 배반과 불순종이 반복된다는 것을 발견합니다. 하나님을 향한 인간의 저항은 장소를 바꾸며 지속되었습니다.

이집트는 고대로부터 사람들이 모여드는 세속 문명의 중심지였다. 당대 세상의 많은 사람들이 이곳 이집트로 몰려와 이 땅 신들에게 그리고 이 땅의 통치자 파라오에게 번영과 축복을 구했다. 사진은 알 아즈하르 모스크(Al-Azhar Mosque)에서 바라본 카이로의 구도심이다.

바로 이 지점에서 출애굽의 길이 시작됩니다. 출애굽은 단지 한 민족이 한 나라를 탈출한 사건이 아닙니다. 니므롯으로 대표되는 세상 문명, 하나님 없이 작동하는 세속의 구조와 질서로부터의 이탈입니다. 이스라엘 하나님 백성이 애굽에서 나왔다는 것은 압제적인 노역에서 해방되었다는 뜻을 넘어, 하나님을 대적하는 체계에서 벗어났다는 선언이었습니다. 출애굽은 언제나 반복되는 사건입니다. 니므롯은 시대마다 다른 얼굴로 등장하고, 애굽은 형태를 바꾸어 다시 세워집니다. 그래서 하나님의 백성은 늘 분별해야 합니다. 지금 내가 발 딛고 선 이 질서가 하나님을 향한 순종의 자리인지, 아니면 또 하나의 애굽인지를 말입니다.

출애굽의 길에서 드리는 기도

주여, 오늘 우리 시대 하나님을 대적하는
니므롯의 얼굴을 분별하게 하시고,
그가 세운 세속의 거짓된 질서에서
떠날 용기를 우리에게 주소서.

거짓된 신들의 전당

이사야 19장 1절
애굽에 관한 경고라 보라 여호와께서 빠른 구름을 타고 애굽에 임하시리니
애굽의 우상들이 그 앞에서 떨겠고 애굽인의 마음이 그 속에서 녹으리로다

고대 이집트의 신학은 자연과 초월을 분리하지 않고 하나의 질서로 엮어낸 정교한 체계였습니다. 나일강의 범람은 하피(Hapi)라는 신의 은총이었고, 태양의 운행은 라(Ra)가 매일 밤 혼돈의 뱀 아포피스(Apophis)를 물리치며 이룬 승리로 해석되었습니다. 땅의 비옥함과 하늘의 질서, 생명의 탄생과 죽음 이후의 세계까지 모두 신들의 관할 아래 놓여 있었습니다. 오시리스(Osiris)는 죽은 자의 심판자였고, 이시스(Isis)는 생명의 회복과 보호를 보장했으며, 호루스(Horus)는 인간 통치의 신적 정당성을 부여했습니다. 성경의 파라오는 이 신적 질서를 자기 중심으로 모아 정점에 선 존재로, 살아 있는 신이자 신들의 뜻을 위임받아 집행하는 통치자였습니다. 이집트의 신학은 인간의 일상과 분리된 관념이 아니라, 정치·경제·사회 전반을 관통하는 세계관이었습니다. 신학은 곧 국가의 운영 원리였고, 신전은 행정과 재정의 중심지였습니다. 고대 이집트 사람들의 삶은 이 체계적인 신학 구조 속에서 태어나 살고 죽었습니다. 이 견고한 구조는 이

집트 문명이 영원히 지속될 것이라는 확신을 그 나라 백성의 마음에 새겨 넣었습니다.

이 신학이 약속한 안정된 삶의 이름이 바로 '마아트'(Ma'at)였습니다. 마아트는 단순한 도덕적 의지의 개념이 아니라, 우주와 사회를 떠받치는 근본 질서였습니다. 나일강의 규칙적인 범람은 내일을 예측할 수 있는 삶을 가능하게 했고, 안정적으로 반복되는 계절은 안정된 생산과 축적을 보장했습니다. 나일강의 안정적이고 주기적인 흐름을 기반으로 사회는 위계 체계로 정돈되었고, 각 사람은 태어난 자리에 순종하여 머무르는 것이 정의로 여겨졌습니다. 파라오가 질서를 유지하는 한, 세상은 안전하다고 믿었습니다. 평안은 변하지 않는 종교 신앙적 틀에서 나왔고, 안정은 늘 한결같은 나일강의 질서에서 확보되었습니다. 그러나 이 평안은 질문을 허락하지 않는 평안이었습니다. 마아트는 혼돈을 막았지만, 동시에 새로운 길을 차단했습니다. 그 질서 안에서는 출애굽이 아니라 정주만이 미덕이었습니다.

성경은 이러한 질서를 전혀 다른 이름으로 규정합니다. 하나님께서는 애굽을 라합(Rahab, 시 89:10, 사 30:7), 곧 '혼돈의 괴물'로 부르십니다. 이는 이집트가 무질서했기 때문이 아니라, 하나님 없이 스스로를 질서의 기준으로 삼았기 때문입니다. 사람들과 세상 모든 피조물을 자기들 질서 안에 매몰시켰기 때문입니다. 신들과 인간이 함께 완성했다고 믿은 그 견고한 체계는 하나님 보시기에 이미 교만한 혼돈이었습니다. 그래서 여호와께서 빠른 구름을 타고 애굽에 임하실 때, 우상들은 그 앞에서 떱니다. 나일을 다스린다는 신, 태양을 움직인다는 신, 생명을 관할한다는 신들이 하나님의 임재 앞에서 힘을

고대 이집트는 온갖 신들을 숭배했다. 오시리스와 이시스, 그리고 태양신 라(Ra)와 최고의 신 아문 등은 이집트 종교의 근간이다. 이집트인들의 종교는 오랜 시간 이 신들을 중심으로 통합되고 발전했고 계보를 이루었다. 사진은 아스완 댐 한가운데 복원된 이시스(Isis)를 숭배하는 필레 신전(Philae Temple)이다.

잃습니다. 출애굽의 재앙들은 자연의 변덕이 아니라, 애굽 신학 전체에 대한 하나님의 반론이었습니다. 하나님은 애굽의 신들을 하나씩 꺾으시며, 그들이 주장하던 질서가 거짓임을 드러내십니다. 참 하나님 앞에서, 신들의 전당은 더 이상 성소가 아니라 붕괴의 현장이 됩니다.

이 지점에서 출애굽의 방향은 분명해집니다. 문제는 '고통'과 '안락' 사이 무엇을 선택할 것인가가 아닙니다. 문제는 어떤 '평안'을 신뢰할 것인가입니다. 애굽의 신들이 제공한 마아트는 안전하지만 닫힌 평안이었고, 매몰되게 하는 평안이었습니다. 반면 하나님께서 주시는 평안은 광야를 통과해야 얻는 평안입니다. 그것은 흔들리지만 살아 있고, 불확실하지만 방향이 열려 있는 평안입니다. 하나님은 완성된 질서를 약속하지 않으시고, 동행을 약속하십니다. 출애굽은 더 나은 조건을 찾아 이동하는 사건이 아니라, 거짓된 질서를 떠나 참된 평안을 선택하는 신앙의 결단입니다. 애굽을 떠날 때 길이 열리고, 하나님을 따를 때 방향이 바로 잡힙니다. 출애굽의 길은 언제나, 평안의 정의를 다시 묻는 자리에서 시작됩니다.

출애굽의 길에서 드리는 기도

주님, 단단하지만 거짓된 질서가
나의 일상의 삶을 지배하고 있다면
당신의 부르심으로 그것을 흔들어 주시고
구원으로 인도하시는 하나님을 의지하게 하소서.

교만한 라합, 애굽

이사야 30장 7절
애굽의 도움은 헛되고 무익하니라
그러므로 내가 애굽을 가만히 앉은 라합이라 일컬었느니라

이집트 신왕국의 절정에 선 람세스 2세는 애굽 문명이 꿈꿀 수 있는 거의 모든 것을 손에 쥔 왕이었습니다. 카데시(Kadesh) 전투 이후 그는 자신을 "패배하지 않는 왕"으로 신화화했고, 나일강 하류 넉넉한 삼각주로부터 상류의 누비아(Nubia)까지 제국 전역에 자신의 신상을 세웠습니다. 아부심벨(Abu Simbel)의 거대한 좌상들은 단순한 기념물이 아니라, 왕 자신을 신들의 반열에 올려놓으려는 선언이었습니다. 아부심벨 신전 벽화 속 람세스는 언제나 압도적인 크기로 당대 세계 모든 것을 짓밟고 서 있습니다. 그가 벌인 실제 역사 속 전투의 불확실성과 패배의 흔적은 의도적으로 지워졌습니다. 그의 통치는 정교한 군국적 다스림이었고, 치밀한 이데올로기적 선전으로 완성된 체제였습니다. 그 정교함의 중심에는 "나는 흔들리지 않는다"라는 교만이 놓여 있었습니다. 애굽은 움직이지 않아도 되는 나라, 스스로 완결된 세계라 믿었습니다. 그 거대함은 역동이 아니라 자기 숭배로 굳어 있었고, 바로 그 지점에서 라합의 형상이 드러나기 시작했

습니다.

성경이 애굽을 "라합"이라 부를 때, 그것은 단순한 조롱이 아닙니다. 그것은 하나님의 판결입니다. 이사야 37장은 이 판결이 역사 속에서 어떻게 현실이 되는지를 보여 줍니다. 앗수르의 산헤립이 예루살렘을 포위했을 때, 남유다에게 애굽은 여전히 매력적인 선택지였습니다. 애굽의 소안(Zoan)은 유다를 구원할 강력한 지팡이처럼 보였습니다. 오랜 제국의 명성과 여전해 보이는 강력한 군사력 그리고 무엇보다 외교적 계산이 가능한 동맹국으로 비쳐진 것입니다. 그러나 이사야는 분명히 말합니다. 애굽은 "상한 갈대 지팡이"이며, 기대는 자의 손을 찌를 뿐입니다(사 36:6). 이사야 37장에서 하나님은 애굽을 직접 언급하지 않지만, 히스기야의 기도와 하나님의 응답 속에서 애굽의 무력함은 더욱 선명해집니다. 문제는 군사적, 외교 정치적 물리 균형이 아니라 평안을 위한 신뢰의 방향이었기 때문입니다. 라합은 크지만 하나님 앞에서는 침묵할 수밖에 없는 존재입니다.

그래서, 이사야 37장의 핵심은 히스기야의 태도 변화에 있습니다. 그는 옷을 찢고 여호와의 전에 올라가며, 인간 정치의 계산표를 내려놓습니다. "여호와여 귀를 기울여 들으소서… 살아 계시는 하나님을 훼방하였나이다"(사 37:17). 이 기도는 애굽에 대한 최종적인 단절 선언입니다. 더 이상 '도움이 될 수 있는 나라'를 찾지 않고, 역사를 주관하시는 하나님께 판단을 맡깁니다. 그리고 하나님의 응답은 명확합니다. 예루살렘 앞 앗수르는 한 번도 칼을 휘두르지 않았고, 애굽은 한 번도 예루살렘을 위해 전장에 서지 않습니다. 그 밤 오직 여호와의 사자가 일할 뿐이었습니다. 이 장면은 출애굽의 기억을 재편집합

이집트는 강력했고 주변 모든 나라들을 압도했다. 그들의 종교와 사회, 문화는 주변 어느 나라에서도 유래를 볼 수 없는 높은 수준이었다. 이집트 사람들은 자기들 외 모든 나라 사람들을 오랑캐로 여겼다. 그래서 성경은 이집트를 교만한 바다괴물, 라합으로 불렀다.

니다. 홍해에서 애굽이 멸망했듯, 히스기야 예루살렘 성문 앞에서도 인간 제국들은 아무 역할도 하지 못합니다. 라합은 여전히 가만히 앉아 있습니다.

오늘 우리의 현실 역시 이사야 37장의 연장선 위에 서 있습니다. 혼란하여 위협적이기까지 한 세상에서 우리는 여전히 애굽을 찾고, 바로의 능력을 계산합니다. 시스템, 권력, 숫자, 경력, 성공으로 치장된 라합은 여전히 매력적입니다. 그러나 이사야 37장은 분명히 말합니다. 역사의 분수령에서 하나님은 인간의 강대함을 사용하지 않으십니다. 출애굽의 길은 언제나 이 지점에서 갈라집니다. 움직이지 않고 "가만히 앉을" 거대한 석상, 라합을 붙잡을 것인가, 아니면 보이지 않아도 살아 역사하시는 하나님, 우리에게 다가오시는 능력의 하나님께 걸음을 맡길 것인가. 라합은 크지만 길을 열지 못합니다. 하나님만이 길을 여십니다. 그래서 믿음은 안전한 선택이 아니라, 방향을 바꾸는 결단입니다.

출애굽의 길에서 드리는 기도

주여! 애굽 라합처럼 커 보이는 힘을
의지하려는 굳은 마음을 제하여 주소서.
주여! 세상의 거짓 평안이 아닌
주께서 여시는 길을 걷게 하소서.

애굽의 통치자 바로

에스겔 29장 3절
너는 말하여 이르기를 주 여호와께서 이같이 말씀하시되 애굽의 바로 왕이여
내가 너를 대적하노라 너는 자기의 강들 가운데에 누운 큰 악어라
스스로 이르기를 나의 이 강은 내 것이라 내가 나를 위하여 만들었다 하는도다

고대 이집트는 돌로 세운 신학적 교화의 통치 체제였습니다. 오벨리스크(Obelisk)를 말하는 것입니다. 하늘을 찌르듯 솟아오른 오벨리스크는 단순한 기념물이 아니라, 태양신 라(Ra)의 따뜻한 은총의 빛이 최초의 땅에 꽂힌 이래 그 은총이 파라오의 통치로 위임되었음을 말하는 하나의 거대한 백성 교화의 돌이었습니다. 꼭대기 피라미디온(Pyramidion)에 내려앉는 은총의 햇빛은 신의 현현이었고, 그 빛을 대리하여 인간 세상에 질서 잡힌 안녕을 제공하는 존재가 바로 파라오였던 것입니다. 오벨리스크에서 파라오는 아문-라(Amun-Ra)의 현시요, 혼돈을 질서로 다스리는 마아트(Ma'at)의 실현자라 여겨졌습니다. 정의와 질서, 풍요와 안녕은 그의 통치에서 흘러나온다고 믿어졌습니다. 그래서 파라오의 권세는 정치가 아니라 우주 질서의 일부였고, 그의 말과 결정은 신의 뜻과 거의 구별되지 않았습니다. 애굽은 이렇게 '질서 있는 문명'의 이름으로 절대 권력을 정당화했습니다.

무엇보다 이 질서의 심장부에는 황소 아피스(Apis)가 있었습니다. 아피스는 단순한 동물, 거대한 덩치의 황소가 아니었습니다. 그것은 이집트의 꺼지지 않는 생명력과 번성, 풍요의 가시적 표상이었습니다. 파라오의 통치는 이 신성한 생명력과 결합될 때 완성되었습니다. 파라오는 허리에 아피스의 힘을 의미하는 황소 꼬리를 차고 다녔습니다. 흥미롭게도 성경은 이 풍요의 상징을 요셉 이야기 속에서 다시 불러냅니다. 살찐 암소와 파리한 암소의 꿈은 나일의 범람과 흉작, 곧 애굽 경제의 심층 구조를 드러내는 계시였습니다(창 41장). 요셉이 해석한 바로의 꿈은 애굽의 번영이 신과 왕, 자연과 제도가 잘 맞물릴 때 유지되었지만, 동시에 그것은 극도로 취약한 구조이기도 하다는 것을 드러냈습니다. 바로는 두려움 가운데 국가의 마아트를 염려해야 했습니다. 풍요는 그렇게 통치자의 손에 달려 있었고, 백성은 그 질서에 종속된 존재로 살아야 했습니다. 황소 아피스가 상징하던 생명의 힘은, 실상 왕권을 지탱하는 이데올로기의 한 축이었습니다.

에스겔은 이 신성화된 권세를 정면으로 해체합니다. 그는 바로를 "자기 강 가운데 누운 큰 악어"로 부릅니다. 나일을 자기 소유라 여기며 "내가 나를 위하여 만들었다"고 말하는 통치자, 곧 신의 자리에 스스로 오른 권력의 초상을 고발합니다. 그는 결국 애굽의 모든 것을 자기 발 아래 두려한 욕망어린 인간에 불과한 존재였습니다. 하나님은 그런 바로를 대적하시며, 그의 아가리에 갈고리를 꿰어 강 밖으로 끌어내겠다고 선언하십니다(겔 29:4~5). 이것은 단순한 정치적 몰락의 예언이 아닙니다. 스스로 신이 되려 한 모든 권력에 대한 하나님의 심판입니다. 질서를 말하지만 정의를 잃은 통치, 풍요를 말하지만

성경의 바로 즉, 파라오는 신적인 존재였다. 이집트 최고 신의 아들이자 대리자였다. 그의 통치는 현실 세계인 나일강 서편(아케트, Akhet)을 넘어 사자(死者)들의 세계인 나일강 서편(이멘테트, Imentet)도 모두 포함했다. 사진은 이집트 최고의 파라오로 알려진 신왕국 19왕조의 람세스2세가 시리아의 가데시(Kadesh)를 정복하기 위해 전투를 수행하는 장면이다.

생명을 억압하는 권세는 결국 하나님의 심판 앞에 노출될 수밖에 없습니다.

출애굽의 길은 애굽에 대한 에스겔의 예언에서 바른길을 찾습니다. 푸르르고 넉넉한 강을 소유했다고 착각하는 통치자에게 기대어 사는 삶은 언제든 무너질 수밖에 없습니다. 완전해 보이지만 불완전하고, 강해 보이지만 불의한 세상 권세는 인간을 구원하지 못합니다. 출애굽은 더 나은 정치 체제로의 이동이 아니라, 의존의 방향을 바꾸는 사건입니다. 바로의 질서에서 하나님의 통치로, 가시적 권력에서 보이지 않는 신실함으로 옮겨가는 길입니다. 하나님을 의지하여 사는 삶만이 참된 자유의 출발선에 서게 합니다. 그래서 출애굽은 과거의 사건이 아니라, 오늘도 반복되어야 할 신앙의 결단입니다.

출애굽의 길에서 드리는 기도

주여! 세상의 허무한 권세가 아니라,
역사를 주관하시는 주님을 신뢰하게 하소서.
오직 하나님의 인도와 섭리만을 의지하는
자유로운 백성으로 살게 하소서.

애굽으로 간 하나님의 백성

창세기 39장 1절
요셉이 이끌려 애굽에 내려가매 바로의 신하 친위대장 애굽 사람 보디발이 그를 그리로 데려간 이스마엘 사람의 손에서 요셉을 사니라

고대 이집트 중왕국 시대의 유적지인 베니 핫산(Beni Hasan)에는 당시 세계의 이동과 교차를 생생하게 전하는 벽화가 남아 있습니다. 중왕국 시대 12왕조 시절 지방 정권 유력자의 무덤으로 알려진 베니 핫산의 벽화는 당대 이집트의 팽창하는 국가 위상과 국제적인 교류의 실상을 잘 보여 줍니다. 그 벽화에는 수염을 기른 아시아계 사람들이 가족과 가축을 이끌고 이집트로 들어오는 장면이 정교하게 새겨져 있습니다. 이들은 상인, 노동자, 혹은 기근을 피해 이동해 온 사람들로, 대부분 가나안과 시리아 지역에서 온 이들이었습니다. 나일강의 안정된 치수 체계와 곡물 창고를 갖춘 이집트는 당시 고대 세계의 중심지이자 생존의 피난처였습니다. 이집트 곧 애굽은 단지 한 나라가 아니라, 살아남기 위해 반드시 향해야 했던 문명의 중심이었습니다. 하나님의 백성 역시 이 거대한 흐름 바깥에 있지 않았습니다.

성경은 하나님의 백성이 반복해서 '세상 나라'로 들어가는 여정을

기록합니다. 바벨탑 사건 이후 에벨과 벨렉의 시대, 데라와 아브람이 시날 땅에 머물렀던 기억이 그러하고, 아브람이 기근을 피해 애굽으로 내려간 사건도 그렇습니다. 이삭 역시 애굽으로 내려가려 했으나 하나님의 만류로 그 길을 멈추었습니다. 이후에도 하나님의 백성은 계속해서 세상 제국의 한복판으로 들어갑니다. 바벨론에 끌려간 다니엘과 그의 세 친구가 그러합니다. 중요한 점은 예레미야 29장의 편지가 분명히 말하듯, 하나님의 백성이 세상 나라에 들어가는 목적이 단순한 생존이나 동화가 아니라는 사실입니다. "그 성의 평안을 구하라"(seek the peace of the city, 렘 29:7). 그들은 그 땅의 평안을 구하며 살아가고, 그 나라의 유익을 위해 존재했습니다. 하나님의 백성은 언제나 세상 속에서, 그 세상의 안녕을 책임지는 존재로 부름받았습니다.

요셉의 애굽 생활은 성경이 말하는 하나님 백성의 세상살이에 관한 이 진리를 가장 선명하게 보여 줍니다. 그는 애굽으로 내려가 종이 되었고, 얼마 후 다시 죄수가 되었습니다(창 39장). 그리고 얼마 후 세상이 그를 완전히 잊고 마는 극단의 추락마저 경험합니다(창 40:23). 희망을 붙들 만한 지점은 계속해서 무너졌고, 삶은 반복해서 아래로 향했습니다. 그러나 요셉은 그 자리에서 하나님 앞 신실한 삶의 태도를 잃지 않았습니다. 종의 자리에서도, 감옥의 깊은 어둠 속에서도 그는 지혜롭고 성실한 삶을 지속했습니다. 하나님 앞에서 흔들리지 않은 그의 삶은 결국 애굽 전체를 살리는 통로가 됩니다. 바로의 꿈을 해몽한 뒤 총리대신이 되었을 때에도 요셉은 자신을 위해 권력을 사용하지 않았습니다. 그는 애굽 사람들에게 유익이 되는 길을 열었고, 그 땅에 평안을 가져오는 통치자가 되었습니다. 하나님 나

하나님의 백성은 언제나 세속의 도시로 파송 받는다. 에녹과 노아가 그랬고 에벨과 아브라함이 그랬으며 요셉과 야곱의 자손이 그랬다. 오늘날 이집트에는 여전히 세상 속 그리스도인들이 그 땅의 평안을 위해 살아간다. 사진은 카이로의 온갖 쓰레기를 처리하며 신앙 가운데 살아가는 콥틱 기독교인들의 터전, 모카탐(Mokkattam)의 자발린(Zabbaleen) 마을 전경이다.

라의 백성은 서 있는 자리의 위치가 아니라, 어디서든 신실한 태도로 구별됩니다.

하나님의 백성이 세상 나라로 들어가는 일은 하나의 소명 여행입니다. 하나님 백성의 여행은 도피나 탈출이 아니라 파송에 가깝습니다. 누가복음에서 예수님께서 일흔 명을 보내실 때, 그들은 어디서든 "이 집에 평안이 있을지어다"라고 말하도록 부름받았습니다(눅 10:5). 하나님의 백성은 세상 속 머무는 곳마다 평안의 흔적을 남깁니다. 그들의 삶을 통해 관계가 회복되고, 삶의 질서가 다시 세워집니다. 출애굽의 길은 단지 애굽을 떠나는 길이 아니라, 때로는 애굽으로 들어가 그곳을 살리는 길이기도 합니다. 하나님 나라는 그렇게 조용히, 그러나 분명하게 세상 한가운데로 스며듭니다.

출애굽의 길에서 드리는 기도

주여! 우리를 보내시는 곳마다
평안을 남기는 백성으로 살게 하시고,
낮은 자리에서도 생명을 살리는
하나님 백성의 지혜를 잃지 않게 하소서.

이 세상의 나그네들

창세기 47장 4절
그들이 또 바로에게 고하되 가나안 땅에 기근이 심하여
종들의 양 떼를 칠 곳이 없기로 종들이 이 곳에 거류하고자 왔사오니
원하건대 종들로 고센 땅에 살게 하소서

번성하던 중왕국 시대, 요셉의 시대로 알려진 12왕조 파라오 세누세레트들(Senuseret II, 혹은 Senuserety III)이 다스리던 시대에는 외국으로부터 이주해 온 사람들이 많았습니다. 이집트의 나일강 하류 삼각주에는 점차 아시아계 사람들의 발걸음이 잦아지기 시작했습니다. 이들은 훗날 힉소스(Hyksos)라 불리게 될 집단으로, 전쟁이나 무력에 의해 그 땅을 차지한 사람들이 아니었습니다. 그들은 메소포타미아와 시리아, 팔레스타인 일대에 계속된 기근과 생존의 압력 속에서 국경을 넘은 유민(流民)들이었습니다. 이 시대 이집트는 그들을 배척하지 않았습니다. 이들이 가져온 말 사육 기술, 청동 무기 제작, 수레 운용, 목축과 교역의 노하우는 중왕국 사회가 필요로 하던 실질적인 역량이었습니다. 힉소스 사람들은 나일 삼각주 일대에 머물며 제국의 중심을 위협하지 않는 선에서, 그러나 분명히 이집트 사회에 기여하는 '유용한 타자'로 살아갔습니다. 그들의 삶은 정주가 아니라 체류였고, 소유가 아니라 위탁이었습니다.

이런 중왕국 시대 풍경 가운데, 창세기 47장의 야곱 가족 이야기는 낯설지 않게 다가옵니다. 요셉의 지혜는 바로의 곳간을 채웠고, 그의 가족의 생존은 요셉이 부린 지혜의 연장선에 있었습니다. 야곱의 아들들은 곧 애굽 사회가 필요로 하는 사람들이 되었습니다. 바로의 가축을 돌보고, 국가 경제의 한 축을 떠받칠 수 있는 목축민이 된 것입니다. 흥미롭게도 야곱의 가족에게 주어진 땅 고센은 힉소스계 사람들이 거주한 나일 하류 삼각주와 일치합니다. 물이 풍부하고 가축을 치기에 적합한 땅, 그러나 당시 애굽의 중심이라 할 온(On, 역사 속 헬리오폴리스)에서는 한 발 비켜난 땅이었습니다. 아이러니하게도 야곱의 가족은 거기서 살아남았지만, 그 땅을 삶의 목적지로 삼지는 않았습니다. 고센은 약속의 땅이 아니라 피난의 땅이었고, 그들의 거주는 어디까지나 임시 체류였습니다.

성경은 이 사실을 분명히 합니다. 야곱의 가족은 애굽에서 '거류하는' 사람들로 남았습니다. 그들은 애굽의 시민이 되지 않았고, 애굽의 신화와 질서에 자신을 편입시키지 않았습니다. '나그네 됨'은 그들의 창의적인 선택이 아니었습니다. 그것은 하나님의 백성이 오래전부터 입고 살아온 옷이었습니다. 셋의 후손은 가인과 라멕의 도시 문명 한복판에서 늘 주변인이었고, 아브라함은 가나안에서 사라의 장례를 치르며 헷 족속에게 자신을 "주권 없는 나그네"라고 소개했습니다(창 23:4) 야곱 역시 아브라함을 이어서 바로 앞에서 자신의 인생을 "나그네의 세월 130년"이라고 말합니다(창 47:9). 하나님 백성의 세상 속 삶의 연대기는 이방 땅에서 나그네로 살아야 했던 사람들의 난해한 체류기였습니다.

그래서 성경은 하나님 백성의 세상살이를 '나그네 됨'으로 정의합

하나님의 백성은 세속 도시의 나그네들이다. 그들은 각자 보냄 받은 삶의 자리에서 세상의 소유가 아닌 하나님의 백성으로 살아간다. 진정한 출애굽은 세속으로부터의 물리적인 탈출이 아니라 세속에 살면서 세상에 속하지 않는 삶을 사는 것이다. 사진은 카이로 자발린 사람들이 매주일 모여 하나님을 예배하는 모카탐 산의 성 시몬 교회(St. Simon the Tanner Cave Church) 예배당이다.

니다. 히브리어로는 게르(*ger*), 헬라어로는 파로이코스(*paroikos*)로 불리던 사람들, 그들은 세상 속에서 살았으나 그러나 세상에 속하지 않은 사람들입니다(요 17:16). 하나님의 백성은 이 세상에서 완전한 정주권을 주장하지 않습니다. 구원과 탈출의 은혜가 임할 때까지, 하나님의 나라가 도래하는 그날까지, 하나님의 백성은 하늘을 향해 열려 있는 나그네로 살아갑니다. 이런 식의 자기 이해는 예수께서 제자들과 공유하신 정체성이었고, 바울과 베드로가 교회를 부를 때 늘 사용하던 핵심 언어였습니다. 출애굽은 그래서 장소 이동의 사건이기 전에, 정체성의 사건입니다. 하나님의 백성은 이 세상에 살지만, 이 세상에 귀속되지 않은 사람들입니다.

출애굽의 길에서 드리는 기도

주여! 죄많은 이 땅에 머무는 동안
우리가 하늘 나그네임을 잊지 않게 하소서.
머무는 시간 머무는 자리 어디에서든
당신의 나라를 향한 길을 놓치지 않게 하소서.

Forty day Meditations for Spiritual Pilgrims

헛된 세상 섬기는 길

Forty day Meditations for Spiritual Pilgrims

헛된 세상 섬기는 길

고센에서 번성하다

출애굽기 1장 7절
이스라엘 자손은 생육하고 불어나 번성하고
매우 강하여 온 땅에 가득하게 되었더라

이집트 고대 역사의 제2중간기는 흔히 '혼합과 전환의 시대'로 불립니다. 이 시기에 등장한 힉소스 왕조(the Hyksos Dynasty, 주전 17세기~주전 15세기)는 전통적인 이집트 토착 왕조가 아니라, 메소포타미아와 레반트 지역에서 이동해 온 아시아계 집단이 주축이었습니다. 그들은 단순한 침입자가 아니라, 이미 발달된 청동기 문명을 축적한 이주민이었습니다. 혼란스럽기만 한 메소포타미아와 레반트 일대를 떠나, 안정적이고 살기 좋은 이집트로 향한 사람들이었습니다. 그들은 처음 여러 토산품을 가지고 거래를 하기 위해 이집트에 방문했습니다. 그러나 곧 새로운 무기 기술과 행정 감각, 국제 교역의 경험을 지니고 나일 삼각주에 정착했습니다. 특히 아바리스(Avaris)를 중심으로 성장한 이들은 점차 중왕국 말기 이집트 통치 구조 안으로 스며들었고, 결국 기존 왕조의 권위를 무너뜨리며 제15왕조를 세웁니다. 이집트 역사에서 힉소스의 등장은 외부인이 '머물던 자'에서 '다스리는 자'로 변해 가는 과정을 보여 줍니다.

이 흐름은 요셉의 통치 이야기와 자연스럽게 맞물립니다. 요셉은 이집트의 통치자 바로 아래에서 애굽의 행정과 경제를 총괄하며 국가 시스템을 재편했습니다(창 47:20~26). 기근이라는 위기 속에서 그는 양식을 중앙 국고에 집중시켜 그것으로 토지를 국유화했습니다. 그 결과 지방 토호들의 권력은 약화 되었고, 그들이 지배하던 땅은 이집트의 행정 단위 '놈'(nom)으로 재편되었습니다. 그는 무엇보다 바로의 권한을 절대화하는 중앙 집권 체계를 완성했습니다. 이로써 애굽은 국제 질서 속에서 주도권을 갖는 국가로 성장합니다. 힉소스 시대의 번영을 가능하게 한 행정적 토대 역시 이러한 구조 속에서 이해할 수 있습니다. 요셉은 이방인이었지만, 그 손을 통해 애굽의 국가는 안정되었고, 그 안정 속에서 또 다른 이방인 공동체들이 자리를 잡을 수 있었습니다.

힉소스 사람들의 번성과 오늘 본문 출애굽기 1장 7절의 이야기는 흥미로운 연결이 가능합니다. 힉소스 사람들이 처음에는 나일 삼각주에 머물던 이주민이었으나 마침내 애굽 전체를 다스리는 왕조가 되었듯이, 고센 땅에 거하던 이스라엘 자손도 '생육하고 불어나 번성하여 온 땅에 가득하게' 되었습니다. 창세기 창조 사명을 닮은 이 구절은 결국 이스라엘 자손의 단순한 사회학적 인구 증가 보고가 아닙니다. 성경은 이집트 역사 속에서 실제로 목격되던 '이주민의 번성'이라는 현실을 배경으로 삼아, 하나님의 백성이 어떻게 세상 타자의 땅에서 번성하게 되었는지를 보여 줍니다. 아바리스를 중심으로 이집트의 강자로 떠오른 힉소스의 모습은, 고센에서 조용히 그러나 분명하게 확장되던 이스라엘 공동체의 그림자와 묘하게 겹쳐집니다.

창세기 기록에 의하면 이스라엘 자손은 이집트에서 가장 비옥한 땅 고센에 정착해 살았다. 이곳은 힉소스 사람들의 주 거주지였으며, 힉소스 왕조의 발흥지 아바리스가 있는 곳이었다. 사진은 오늘날 고센 땅의 평범한 모습이다. 이곳은 이집트 어느 곳보다 물이 풍부하다.

여기서 우리는 성경의 이 번성을 지배의 논리로 해석하지 않습니다. 출애굽기 1장 7절은 분명히 창세기 1장 27절에서 28절의 창조 사명의 구현입니다. 이스라엘의 번성은 단순한 권력의 획득이 아니었습니다. 그들은 가인과 함의 자손이 부린 권력적 만용에 동참하지 않습니다. 그들이 획득한 번성과 강성함은 하나님을 대신해 땅을 돌보고 질서를 세우는 사명의 연장입니다. 가인과 라멕, 니므롯과 함의 자손들이 폭력과 교만으로 차지했던 땅과 달리, 이스라엘 자손의 고센에서의 번성은 예배와 순종의 자리에서 시작되었습니다. 하나님께서 보내신 땅에서, 하나님을 잊지 않은 백성이 자라난 것입니다. 출애굽은 하루아침에 시작되지 않았습니다. 그 길은 이미 고센에서, 조용한 번성으로 준비되고 있었습니다.

출애굽의 길에서 드리는 기도

주여! 번성을 성공으로 착각하지 않게 하시고,
맡겨진 자리에서 창조의 사명을 잊지 않게 하소서.
우리가 사명으로 머무는 모든 땅에서
주를 예배하는 백성으로 자라나게 하소서.

요셉을 알지 못하는 바로

출애굽기 1장 8절
요셉을 알지 못하는 새 왕이 일어나 애굽을 다스리더니

이집트 중왕국 말기에서 제2중간기로 넘어가는 시간은 겉으로는 질서가 유지되는 듯 보였으나, 내부에서는 깊은 균열이 진행되던 시기였습니다. 힉소스 인들의 지배 시기가 종반으로 접어 들어가면서 그 골은 더욱 깊어지고 결국에 원주민과 이주민 사이에는 큰 갈등이 나타나게 됩니다. 나일 삼각주 동부를 중심으로 정착한 힉소스 세력은 점차 하(下) 이집트의 실질적 지배자가 되었고, 이는 남쪽 테베를 중심으로 한 이집트 원주민 귀족 세력에게 치욕이자 위기였습니다. 이들은 힉소스를 외래 침입자로 규정하며, "이집트는 이집트인의 것"이라는 강한 정치적 감정으로 결집합니다. 그렇게 시작된 것이 제17왕조(주전 약 1580년경~1550년경)로 불리는 테베 왕조(Thebe Dynasty)의 반격이었습니다. 그들의 목표는 분명했습니다. 힉소스의 수도 아바리스(Avaris)를 무너뜨리고, 이집트를 다시 원주민 '순혈의 질서'로 회복하는 것이었습니다. 이 전쟁은 단순한 영토 분쟁이 아니라, 기억과 정체성을 둘러싼 투쟁이었습니다.

그 투쟁의 중심에 선 인물이 세케넨레 타오(Seqenenre Tao)였습니다. 그는 힉소스 타도를 외치고 극렬한 전투를 치르고 거기서 전사한 테베 왕조의 지도자였습니다. 그의 미라는 오늘날까지도 잔혹한 전투의 흔적을 생생히 전합니다. 도끼와 둔기로 가격당한 두개골은, 힉소스와의 전쟁이 얼마나 치열했는지를 말없이 증언합니다. 그런데 그는 끝내 전사했지만, 그 죽음은 이집트 원주민들에게 패배가 아니라 하나의 불씨가 되었습니다. 그의 아들 하모세(Ahmose, 혹은 Hamose)는 아버지의 피를 정치, 군사적 결단으로 바꾸어 힉소스를 완전히 축출합니다. 이로써 제18왕조(주전 1550년경~1292년경)가 시작되고, 이집트는 공격적 제국의 길로 접어듭니다. 투트모세 1세에서 3세로 이어지는 이집트의 대규모 아시아 원정은, 더 이상 외세를 환대하지 않는 국가의 방향 전환을 분명히 보여 줍니다. 이 과정에서 힉소스와 연결된 모든 기억은 위험한 유산이 되었고, 외부에서 온 자들의 공로 역시 의심의 대상이 되었습니다. 이집트에서 불편한 과거는 이렇게 제거되었습니다.

이 역사적 맥락 속에서 "요셉을 알지 못하는 새 왕"이라는 출애굽기 1장 8절의 문장은 날카로운 현실감을 얻습니다. 여기서 '알지 못한다'라는 것은 단순한 정보와 인지의 부재가 아닙니다. 그것은 의도적인 단절이며, 정치적 망각입니다. 이집트인들은 그들을 지배했던 외세 힉소스에 대한 적대감을 품었습니다. 힉소스와 연결된 모든 기억을 지우려는 왕조적 전략 속에서, 요셉의 공로와 이스라엘 자손의 존재는 불편한 과거가 됩니다. 그렇게 어제의 공로는 오늘의 위협이 되고, 한때 환대받던 이방인은 제거해야 할 집단으로 전락했습니다. 하나님의 백성은 사명으로 들어온 이집트에서, 미움과 의심의 대상이

오벨리스크는 태양신 라의 지혜와 은혜, 권세를 받은 파라오의 통치를 상징하는 높은 4각 형태의 탑인데, 원래 테켄(Tehken)이라고 불렸다. 아스완 지역에서 나는 붉은색 화강암을 주재료로 사용했으며 약 20~30미터에 이르렀다. 사진은 요셉이 꿈을 해석해 준 파라오로 알려진 중왕국 12왕조 세누세레트 1세가 헬리오폴리스(성경의 온)에 세운 오벨리스크이다.

되고 맙니다. 출애굽의 이야기는 이 지점에서 시작됩니다. 축복의 땅이 억압의 땅으로 변하는 순간입니다.

사실 환대받던 공로자에서 배척 당하는 이방인으로의 전락이라는 흐름은 성경 전체에서 반복됩니다. 다니엘과 그의 세 친구는 바벨론에 충성스러웠기에 더 위험한 존재가 되었고(단 3장), 에스더와 모르드개는 페르시아 내에서 존경받는 사람들이었기에 미움의 표적이 되었습니다(에 3장). 하나님의 백성은 세상과 타협하지 않기에 늘 불편한 존재로 서게 됩니다. 빛은 어둠을 드러내고, 정직은 왜곡된 질서를 위협합니다. 그래서 미움이 따르고, 핍박이 시작됩니다. 그러나 이 미움은 끝이 아니라 전환의 신호입니다. 하나님은 바로 그 지점에서 길을 여십니다. 출애굽은 우연한 탈출이 아니라, 미움 속에서 준비된 하나님의 구원 전략입니다.

출애굽의 길에서 드리는 기도

주여! 세상이 우리를 잊거나 밀어낼 때에도,
주께서 우리를 기억하심을 믿게 하소서.
미움의 자리에서 두려움이 아니라,
출애굽의 길을 준비하는 믿음을 주소서.

새로운 애굽이 일어나다

출애굽기 1장 10절
자, 우리가 그들에게 대하여 지혜롭게 하자 두렵건대
그들이 더 많게 되면 전쟁이 일어날 때에 우리 대적과 합하여
우리와 싸우고 이 땅에서 나갈까 하노라 하고

출애굽의 무대가 되는 신왕국 이집트는 고대 세계에서 가장 강력한 제국의 하나였습니다. 제18왕조를 계승한 제19왕조와 제20왕조는 군사력과 행정력, 그리고 거대한 건축 사업을 통해 이집트의 황금기를 완성해 갑니다. 특히 람세스 2세(Ramesses II, 주전 1279년~주전 1213년)의 치세는 이집트 제국주의의 절정이었습니다. 그는 나일강 유역을 넘어 레반트 지역 깊숙이 세력을 확장했고, 당시 국제 질서를 양분하던 히타이트 제국과 정면으로 충돌했습니다. 유명한 카데시 전투(the Battle of Kadesh, 주전 1274년)는 승패를 떠나 이집트의 위상을 과시한 상징적 사건이었고, 이후 체결된 평화 조약은 람세스가 단순한 정복자를 넘어 국제 정치의 중심 인물로 자리했음을 보여 줍니다. 강력한 군대, 정교한 관료제, 그리고 국고성을 비롯한 대규모 건축 사업은 '새로운 애굽'이 어떤 체제로 작동했는지를 잘 드러냅니다.

이 제국의 이면에는 하피루(Hapiru)라 불린 노역 집단이 존재했습니다. 제18왕조 이후 이집트가 반복적으로 벌인 정복 전쟁은 수많은 전쟁 포로와 이주민을 낳았고, 이들은 점차 군사적·기술적 노동 집단으로 편입되었습니다. 하피루는 특정 민족이라기보다 사회적 지위를 가리키는 명칭으로, 용병, 기술 노동자, 노예 계층을 포괄하는 집단이었습니다. 그들 가운데에는 과거 힉소스 계열로 분류되던 사람들도 적지 않았을 것으로 보입니다. 이들은 신왕국 이집트의 경제와 군사, 건축을 떠받치는 핵심 노동력이었고, 국고성 비돔(Pithom)과 라암셋(Rameses) 같은 국가 프로젝트는 바로 이들의 손을 통해 완성되었습니다. 제국의 번영은 결코 추상적인 정치 이념이 아니라, 보이지 않는 노역의 축적 위에 세워진 것이었습니다.

신왕국의 하피루들과 이스라엘 자손은 서로 깊은 관계가 있습니다. 성경에 등장하는 '히브리'라는 명칭은 두 갈래의 배경을 지닙니다. 하나는 셈족어 '이브리(*Ibri*)'에서 유래한 표현으로, 강을 건너온 사람들, 곧 '이주민'이라는 의미입니다. 다른 하나는 이집트와 레반트 전역에서 노역·군사 집단을 가리키던 하피루(Hapiru)라는 사회적 계층과의 연관성입니다. 출애굽기의 이스라엘 자손은 편안하게 정주하는 농경 공동체가 아니라, 제국의 하부 구조를 구성하던 노동 인구였습니다. 당대 하피루 모두가 이스라엘 자손이라고 보기는 어렵지만, 이스라엘 자손은 모두 애굽의 하피루들이었음은 분명합니다. 이스라엘 자손이 스스로를 '히브리'라 불렀다는 사실은, 자신들의 정체성을 제국의 중심이 아닌 주변부, 지배가 아니라 노동의 자리에서 인식하고 있었음을 보여 줍니다. 출애굽은 단순한 이동이 아니라, 억압된 노동 정체성으로부터의 탈각(脫殼)이었습니다.

주전 16세기 신왕국 시대 이집트는 크게 번성했다. 이 시대 이집트는 나일강 유역을 넘어서 리비아와 수단, 그리고 시나이 반도 일대를 넘어서 레반트와 심지어 메소포타미아 일대까지 힘을 과시했다. 사진은 신왕국 18왕조의 유명한 여성 파라오 하트셉수트(Hatsepsut)가 상 이집트 테베 나일강 서편에 세운 거대한 장제전이다.

이스라엘 백성이 스스로의 정체성으로 삼은 '히브리'라는 이름은 신앙의 깊은 의미를 갖습니다. 하나님의 백성은 언제나 세상 한가운데서 일하며 살아갑니다. 때로 히브리인들은 요셉처럼 체제의 중심부에서 세상을 이롭게 합니다. 그러나 때로 히브리인들은 노예처럼 가장 낮은 자리에서 세상을 떠받칩니다. 위치는 달라지지만, 사명은 변하지 않습니다. 예수께서 말씀하신 빛과 소금의 비유가 그렇습니다(마 5:14~16). 빛은 드러나 세상을 비추고, 소금은 사라지듯 녹아 세상을 살립니다. 형체를 잃을 만큼 낮아질지라도, 세상을 위한 수고를 멈추지 않는 삶, 그것이 히브리의 길이며, 출애굽을 준비하는 하나님의 백성의 태도입니다.

출애굽의 길에서 드리는 기도

주여! 세상을 살리는 일을 멈추지 않는
히브리의 마음을 우리에게 주소서.
낮고 천한 자리라도 부르심을 잊지 않고,
출애굽의 날을 준비하며 성실히 살아가게 하소서.

고센이 무너지다

출애굽기 1장 11절
감독들을 그들 위에 세우고 그들에게 무거운 짐을 지워 괴롭게 하여
그들에게 바로를 위하여 국고성 비돔과 라암셋을 건축하게 하니라

고대 이집트 중간기, 힉소스 왕조는 나일강 하류 삼각주 동쪽 끝에 아바리스라는 도시를 세우고 그곳을 수도로 삼았습니다. 아바리스는 어느 날 갑자기 등장한 이방인의 개척 도시가 아니었습니다. 중왕국 제12왕조 시기부터 나일강 삼각주 동부, 펠루시움 지류(Pelusiac branch)를 따라 이주민들이 정착하며 형성된 오래된 거주지였습니다. 지중해로부터 유입되는 물산과 사람이 이곳에 모였고, 자연스레 상업과 교역이 활발한 도시로 성장했습니다. 그러나 '이방인의 도시'라는 표식은 결국 재앙이 되었습니다. 테베를 중심으로 결집한 이집트 원주민 세력, 제18왕조의 반격 속에서 아바리스는 표적이 되었고, 왕조의 창건자 아모세와 그 뒤를 이은 파라오들에 의해 도시는 철저히 파괴됩니다. 도시는 무너졌고, 이름은 역사에서 지워졌습니다. 아시아에서 건너와 살던 사람들은 뿔뿔이 흩어졌습니다. 그 땅에 남은 것은 승자의 기록과 패자의 침묵뿐이었습니다.

제19왕조에 이르러 이집트 파라오들의 시선은 다시 나일 삼각주로 향합니다. 세티 1세(Seti I, 주전 1294년~1279년 재위)와 람세스 2세는 북방 세계와 맞닿은 이 지역의 전략적 가치를 정확히 꿰뚫어 보았습니다. 그들은 폐허가 된 아바리스의 석재를 옮겨, 불과 1킬로미터 남짓 떨어진 곳에 새로운 도시를 세웠습니다. 오늘날 칸티르(Qantir)라고 알려진 곳입니다. 이것이 피람세스, 곧 성경의 라암셋입니다. 이 도시는 펠루시움 지류를 따라 발전하며 나일강 수운과 국제 교역의 중심지로 성장했습니다. 고대로부터 유명했던 해안길(via Maris)이 이곳에서 시작되었고, 펠루시움 지류와 병행하여 애굽강과 가나안 가자로 이어졌습니다. 이곳은 또한 그 유명한 왕의 대로(King's Highway)와도 연결되었습다. 라암셋에서 출발한 무역로가 시나이 반도를 관통해 요단 동편과 아라비아 반도로 연결된 그 유명한 대상의 길과 연결되어 있었던 것입니다. 라암셋은 단순한 도시가 아니라, 남쪽 테베에 머물지 않고 세계를 향해 뻗어 나가려는 제국의 방향 선언이었습니다.

그러나 그 거대한 도시의 기초에는 보이지 않는 손들이 있었습니다. 아바리스를 잃고 뿌리 뽑힌 힉소스의 후예들, 곧 하피루로 불리던 사람들입니다. 성경은 이들을 히브리인으로 기억합니다. 그들의 거처였던 고센(Goshen)은 점차 고된 노동의 현장으로 변해 갔습니다. 성경은 비돔과 라암셋을 언급하지만, 실제로 이들은 삼각주 전역에서 진행된 대규모 개발 사업의 주요 노동력이었습니다. 라암셋과 여러 신도시들, 비돔으로 불린 아문-라 신전들, 그리고 삼각주와 시내 반도를 잇는 국경 요새들이 그들의 손을 거쳐 세워졌습니다. 감독은

이집트 중왕국 시대는 외부로부터 유입된 힉소스인들에 의해 끝이 났다. 힉소스인들은 이스라엘 자손이 거주한 고센 땅에 아바리스라는 도시를 건설하고 그곳을 중심으로 이집트 제2중간기 15왕조를 세웠다. 그러나 아바리스는 18왕조의 원주민 정권에 의해 무너지고 파괴되었다. 사진은 아바리스 유적이 발굴된 텔 엘 다브아(Tel el-Dabua)이다.

촘촘히 배치되었고, 노동은 체계적으로 조직되었으며, 무거운 짐은 일상이 되었습니다. 고센은 더 이상 안식의 땅이 아니라, 제국의 야망을 떠받치는 노동의 현장이 되어 갔습니다.

"고센이 무너졌다"는 말은 땅이 사라졌다는 뜻이 아닙니다. 그곳이 더 이상 '살 수 있는 자리'가 되지 못했다는 뜻입니다. 삶을 지탱하던 거처가 하루아침에 강제 노동의 현장으로 바뀔 때, 사람은 뿌리째 흔들립니다. 이 장면은 바벨론으로 끌려가 그발 강가에 앉았던 예루살렘 사람들을 떠올리게 합니다(시 137편). 그들 역시 성전을 잃고, 낯선 제국의 수로 곁에서 살아야 했습니다. 그러나 바로 그 자리에서 하나님은 포로 된 백성에게 임하셨습니다. 고센에서도 마찬가지입니다. 제국은 그들의 거처를 빼앗아 자기들의 영원한 마아트를 위한 프로젝트로 삼지만, 하나님은 빼앗긴 그 자리에서 출애굽의 길을 여십니다. 고센의 붕괴는 믿음의 끝이 아니라, 하나님만을 의지하도록 빚어지는 시작이었습니다. 출애굽은 언제나 무너진 자리에서 시작됩니다.

출애굽의 길에서 드리는 기도

주여! 빼앗긴 자리에서도
주님을 붙드는 믿음을 제게 주소서.
무너진 고센에서 새로운 길을 여시는
주님의 뜻을 보게 하소서.

하나님의 백성 종이 되다

출애굽기 1장 14절
어려운 노동으로 그들의 생활을 괴롭게 하니
곧 흙 이기기와 벽돌 굽기와 농사의 여러 가지 일이라
그 시키는 일이 모두 엄하였더라

고대 이집트 문헌과 근동 자료에 등장하는 하피루(Habiru)는 단일 민족을 가리키는 명칭이라기보다, 제국의 통치 질서 한가운데에 있으면서도 가장 아래에 놓인 하층 노동 집단을 지칭하는 사회적 용어에 가깝습니다. 그들은 전통적 의미의 '노예', 곧 사유재산으로 매매되는 존재라기보다 국가와 왕실의 필요에 따라 동원되는 반자유 상태의 공역(公役) 노동자였습니다. 파피루스 문서와 비문을 살펴보면, 이들은 토목과 건축, 운하 정비, 농경 보조 등 국가 기반 사업에 투입되었고, 일정한 숙련을 요구받는 기술 노동을 담당하기도 했습니다. 이런 점에서 히브리인들은 단순한 노예 집단이라기보다, 국가 노역을 전담하는 하층 기술 인력으로 편입된 존재였다고 보는 편이 역사적으로 더 설득력이 있습니다. 그러나 그들의 지위는 언제든 착취로 기울 수 있는 불안정한 경계 위에 놓여 있었습니다.

출애굽기 1장 14절에 언급된 흙 이기기와 벽돌 굽기, 그리고 농사의 여러 일은 지리적으로 나일강 하류 삼각주, 곧 고센 땅의 환경과 정확히 맞닿아 있습니다. 이 지역은 석재가 부족한 대신, 나일의 범람이 남긴 점토질 토양이 풍부하여 진흙 벽돌(sun-dried mud brick) 생산에 최적화된 곳이었습니다. 물과 흙, 잘린 갈대와 짚을 섞어 벽돌을 만드는 작업은 계절 노동과 상시 노동이 겹치는 고된 일이었고, 농사 역시 단순한 경작이 아니라 제방 관리와 수로 정비를 포함한 체계적 노동을 요구했습니다. 고센은 변방이 아니라 이집트 경제를 떠받치는 생산의 현장이었습니다. 히브리인들은 이곳에서 국가의 기반을 건축하는 일뿐 아니라, 식량을 생산하고 비축하는 일에도 동원되어 노동해야 했습니다. 하나님의 백성은 제국의 중심에 있으면서도, 제국의 구조를 지탱하는 보이지 않는 노동의 자리에 배치되어 있었습니다.

문제는 하나님의 백성이 단순히 세상을 섬기는 수준을 넘어, 국가와 사회의 '종'으로까지 전락하게 되었다는 점입니다. 성경은 일관되게 하나님의 백성이 세상 한가운데서 살아가며 그 질서를 감당하고 섬기는 존재임을 증언합니다. 요셉이 그러했고, 다니엘도 그러했습니다. 그러나 '요셉을 모르는 파라오'의 애굽 상황은 달랐습니다. 히브리 이스라엘 자손의 종살이는 소명에 따른 자발적 섬김이 아니라, 국가의 폭력과 사회적 강제에 떠밀린 삶이었습니다. 여기서 신학적 질문이 제기됩니다. 하나님의 섭리는 왜 당신의 백성을 이런 자리까지 밀어 넣으시는가? 성경은 이 질문을 '고난'이 곧 '구원'이라는 단순한 기계적 논리로 합리화하지 않습니다. 오히려 고난과 구원은 긴장 속에 함께 놓입니다. 그 긴장 속에서 구원은 더는 체제 안의 성공

이집트 신왕국의 파라오들은 힉소스 세력과의 싸움과 아시아 정벌에서 노획한 포로들을 국가 노역에 동원했다. 그리고 신왕국 시대 곳곳에 세운 도시와 신전들을 건설하는 일에 투입했다. 사진은 아스완 아부심벨 신전 입구에 새겨진 포로들과 노예들의 모습이다. 람세스는 자신을 신으로 세운 이 시전 부조에 그가 복속한 아홉 개 주변 나라 사람들을 새겨 두었다.

으로 오지 않으며, 탈출과 해방이라는 전혀 다른 방식으로 다가올 준비를 합니다.

성경은 하나님 백성의 고난을 구원을 위한 당연한 절차로 전제하지 않습니다. 하나님의 백성이 세상 속에서 감당해야 할 섬김은 소명에 따른 자발적 섬김(vocational service)이었습니다. 그러나 폭력적인 애굽은 하나님의 백성을 국가 강제적 노역(state-imposed labor)으로 몰아넣었습니다. 역설적이게도 우리는 이 강제적 노역의 길 끝에서 그리스도를 만납니다. 하나님은 당신의 사람들을 가장 낮은 자리까지 내려가게 하시는 분이십니다. 바울은 예수 그리스도의 길을 이렇게 고백합니다. "그는 근본 하나님의 본체시나… 자기를 비워 종의 형체를 가지사"(빌 2:6~7). 출애굽의 종살이는 우연한 역사적 비극이 아니라, 하나님께서 낮아진 백성을 통해 세상을 다시 읽게 하시는 방식의 예고편이었습니다. 하나님은 위에서 명령하시는 분이 아니라, 아래로 내려오셔서 역사를 다시 쓰시는 분이십니다. 종이 된 백성, 그리고 종이 되기까지 자신을 내어주신 그리스도 안에서, 하나님의 뜻은 가장 낮은 곳에서 가장 분명하게 선포됩니다.

출애굽의 길에서 드리는 기도

주여! 소명에 따른 섬김과 세상의
억압적 노역을 분별하게 하시고,
폭력의 질서에 순응하지 않으면서도
낮아진 자리에서 끝까지 순종하게 하소서.

라헬의 눈물 골짜기

출애굽기 1장 16절
이르되 너희는 히브리 여인을 위하여 해산을 도울 때에
그 자리를 살펴서 아들이거든 그를 죽이고 딸이거든 살려두라

제국의 폭압적인 통치는 마침내 생명의 문턱까지 내려옵니다. 바로는 히브리인들의 노동을 강화하는 선에서 압제를 멈추지 않았습니다. 그는 피와 땀, 신음과 숨결과 울음소리가 뒤섞이는 가장 연약한 공간, 곧 탄생의 자리에까지 칼날을 들이밉니다. 히브리 산파들에게 내려진 명령은 효율의 언어로 포장된 살해의 지시였습니다. 갓 태어난 사내아이를 가려내 죽이라는 말은, 한 가정을 무너뜨리는 수준을 넘어 한 민족의 내일을 제거하겠다는 선언이었습니다. 관찰자의 자리에서 이 장면을 바라보면, 분노보다 먼저 비통함이 앞섭니다. 히브리 산파들이 모든 경우에 바로의 명령을 거역할 수는 없었을 것입니다. 권력은 언제나 자신을 보존하기 위해 가장 약한 생명을 먼저 희생시켜 왔고, 바로의 잔인함은 계산된 냉혹함으로 더욱 굳어 있습니다. 태어난 아이의 울음이 터져야 할 자리에, 죽은 아이의 침묵이 강요됩니다.

비정한 역사는 '씨'를 말려 버리려는 폭력의 기록을 반복해 왔습니다. 고대 근동과 지중해 세계에서 반란의 가능성을 차단하기 위해 특정 집단의 남자아이를 제거하거나, 전쟁 후 포로 집단의 재생산을 통제하는 관행은 낯설지 않습니다. 아시리아의 비문은 정복지의 후손을 끊는 정책을 자랑처럼 기록했고, 어떤 제국들은 특정 인구의 번성을 국가 안보의 위협으로 간주해 무자비하게 통제했습니다. 근대에 이르러서도 우리는 이런 폭력이 독일 나치에 의해, 일본 군국주의에 의해 자행되었음을 잘 알고 있습니다. 정복자가 피지배 집단의 영유아를 살해하는 일은 우발적 사고가 아니라 의도된 구조적 폭력이었습니다. 씨를 끊는 일은 군사적 승리의 연장이자 행정적 선택으로 합리화되었습니다. 그렇게 합리화된 폭력 속에서 하나님의 백성에게 허락된 미래의 시간은 훼손되었고, 그들의 역사는 홀로코스트와 같은 고통으로 채워졌습니다.

성경은 줄곧 이러한 비극을 외면하지 않습니다. 자녀를 얻지 못해 슬퍼하던 사라와 라헬, 그리고 한나의 눈물을 성경은 담담히 기록합니다. 그뿐 아니라 제국과 권력의 칼에 쓰러진 아이를 품에 안고 울던 어머니들의 신음 역시 본문 곳곳에 남겨 두었습니다. 특히 예수님의 시대, 헤롯이 베들레헴 일대에서 자행한 영유아 살해 사건은 바로의 명령과 닮은 그림자입니다(마 2:16~18). 성경의 안목에서 생육하지 못하고 번성하지 못하는 현실은 단순한 결핍이 아니라 저주에 가까운 상실입니다. 하나님의 백성에게 이것은 강제노동의 고통보다 더 깊은 절망입니다. 팔과 허리가 부서지는 노동은 견딜 수 있어도, 아이의 울음이 사라진 집은 시간을 견딜 수 없습니다. 사내아이들이

이집트 신왕국의 파라오들은 오랫동안 그들이 싸워온 아시아 힉소스계 남은 세력을 제압하고 복속하는데 최선을 다했다. 18왕조 파라오들은 힉소스를 몰아내는데 온 힘을 기울였고 19왕조 파라오들은 그들이 복속한 나라들 위에 위대한 이집트를 세우는 일에 전력을 다했다. 사진은 아부심벨 신전 내부의 부조이다. 람세스 2세가 아시아의 여러 나라들을 정복하고 그 사람들을 무자비하게 다루는 모습을 그렸다.

죽어가는 현실 앞에서 하나님의 백성 공동체는 내일의 샬롬에 대한 기대를 통째로 상실합니다.

그래서 우리는 '라헬의 눈물'을 떠올립니다(렘 31:15). 자녀가 없어 울고, 자녀를 잃어 더 깊이 우는 라마의 통곡, 그 눈물의 깊이는 말로 다 담을 수 없습니다. 애굽에서 일어난 이 끔찍한 사건, 곧 사내아이들을 잃는 고난은 이스라엘 자손에게 외적 억압을 넘어선 내적 붕괴였습니다. 산파들은 두 손으로 생명을 받들어야 할 자리에서, 마음으로 먼저 상실의 예감을 품어야 했습니다. 종살이하던 애굽의 시절, 고센 땅 하나님의 백성의 집집마다 스며든 라헬의 눈물은 개인의 슬픔을 넘어 공동체적 절망이었고, 신앙의 깊은 골짜기였습니다. 그럼에도 성경은 이 눈물이 헛되지 않음을 증언합니다. 씨를 말리려는 권력의 계산을 넘어, 하나님은 바로 그 눈물의 자리에서 역사를 다시 시작하십니다. 출애굽의 놀라운 사건은 이 깊은 결핍의 밤에서 서서히 일어섭니다.

출애굽의 길에서 드리는 기도

주여! 생명의 문턱에서 울고 있는
저 가난한 히브리인들의 눈물을 기억하소서.
끊어져 가는 내일의 소망 위에
당신의 새 시작을 놓아 주소서.

모세가 일어서다

출애굽기 2장 10절
그 아기가 자라매 바로의 딸에게로 데려가니
그가 그의 아들이 되니라 그가 그의 이름을 모세라 하여 이르되
이는 내가 그를 물에서 건져내었음이라 하였더라

이스라엘 자손의 고대 이집트 탈출의 연대를 주전 15세기로 보는 전통적 해석은 출애굽 사건을 신왕국 제18왕조의 역사적 무대 위에 올려놓습니다. 이 해석에 따르면, 이스라엘의 해방은 이집트 신왕국이 가장 찬란한 권세를 누리던 시기, 곧 제국의 질서가 완성되었다고 자부하던 시대 한복판에서 일어난 사건이 됩니다. 그리고 출애굽을 변방의 소요가 아니라 제국의 심장부를 뒤흔든 신앙의 사건으로 읽게 만듭니다. 그 중심에 서 있는 인물이 바로 모세(Moses)입니다. 그는 단순히 한 민족이 역사에 등장하게 된 계기를 이룬 지도자가 아닙니다. 그는 제국의 권력 구조와 하나님의 구원 의지가 정면으로 충돌하는 접점에 서 있던 인물입니다. 그런데 성경은 모세를 위대한 영웅으로 서둘러 그리지 않습니다. 오히려 그는 철저히 제국의 질서 안에서 길러진 존재로 등장합니다. 이런 차원에서 모세는 출애굽의 시작이면서 동시에 그 스스로 애굽과 히브리 사이 강도 높은 긴장 그 자체입니다.

제18왕조의 파라오 이름들을 살펴보면 흥미로운 공통점이 드러납니다. 투트모세(Thutmose), 아모세(Ahmose)와 같은 이름들에 '모세(mose)'라는 단어가 반복됩니다. 고대 이집트어에서 모세라는 표현은 '~의 아들', '~에게서 태어난 자'라는 의미를 지닙니다. 신과 왕권을 연결해 신적 비전을 성취하는 것을 상징하는 이름 형식이었습니다. '투트모세'는 '토트 신의 아들'(the son of Thot), '아모세'는 '아문 신의 아들'(the son of Amun)이라는 뜻을 담고 있습니다. 이런 맥락에서 보면, 성경에 등장하는 모세라는 이름은 제국의 언어와 잘 결탁해 있습니다. 더 나아가 모세를 구해낸 바로의 딸을 하트셉수트로 보는 가설도 이 지점에서 제기됩니다. 그런 왕가의 시선에서 모세는 충분히 '왕실의 아들'로 편입될 수 있는 존재였고, 제국의 미래를 이어갈 자원으로 길러졌을 가능성은 차고 넘칩니다.

그러나 성경은 모세라는 이름을 전혀 다른 방향으로 전환시킵니다. 이집트식으로 보면 '모세'는 '누군가의 아들'이라는 안정된 왕실 혈통과 권세의 이름입니다. 반면 히브리 성경은 그 이름을 '물에서 건져내다'라는 동사 마사(*masah*)에서 설명합니다. 언어학적으로는 긴장감 있어 보이는 이 설명은, 신학적으로는 매우 의도적입니다. 제국은 모세를 신적 질서를 계승할 아들로 이해했지만, 성경은 그를 죽음의 물에서 건져 올려진 존재, 하나님의 구원을 아는 자로 재정의합니다. 하나는 계승의 서사이고, 다른 하나는 구원의 서사입니다. 당시 사회문화적 맥락에서 이 차이는 결정적입니다. 제국의 이름은 사람을 체제 안에 고정시키지만, 히브리적 이름 해석은 사람을 사건 속으로 밀어 넣습니다. 모세는 '누구의 아들'로 머물 수 없었습니다. 그는

전통적으로 모세는 18왕조의 왕실에 의해 나일강에서 구조된 것으로 알려져 있다. 만일 18왕조의 공주가 구했다면, 모세는 나일강 지류가 시작되는 멤피스 인근 어디서인가 구조되었을 것이다. 그러나 모세를 구한 것이 19왕조의 공주라면, 그는 지금 사진에서 보는 피람세스(성경의 라암셋) 인근의 나일강 지류나 운하 어디선가 구조되었을 것이다.

하나님께서 역사 속에서 이루실 구원을 실행하는 인물로 다시 불려야 했습니다.

그래서 출애굽의 이야기에서 중요한 것은 힘 있는 '아무개의 아들'로서의 모세가 아니라, '건져냄' 그 자체를 이름으로 지닌 모세입니다. 하나님의 백성에게 결정적인 것은 혈통도, 제국이 부여한 정체성도 아닙니다. 구원받았다는 사실, 그리고 그 구원을 증언하도록 부름받았다는 사명입니다. 모세가 일어선다는 것은 왕가의 아들 자리에서 내려와, 하나님의 구원 사건에 자신의 삶을 내맡기는 결단을 의미합니다. 오늘 우리의 신앙도 마찬가지입니다. 우리는 교만한 세상 무엇의 아들, 완악한 세상 무엇의 소속으로 불리기보다, 하나님께서 어디서 어떻게 우리를 건져내셨는지를 물어야 합니다. 출애굽의 길은 언제나 이 질문에서 시작됩니다.

출애굽의 길에서 드리는 기도

주여! 세상이 붙인 이름이 아니라
구원으로 부르신 이름을 기억하게 주소서.
구원의 기억 위에 제 삶을 세우고,
그 부르심 앞에 기꺼이 일어서게 하소서.

Forty day Meditations for Spiritual Pilgrims

하나님께서 싸우신 길

하나님께서 싸우신 길

하나님께서 오시다

출애굽기 3장 2절
여호와의 사자가 떨기나무 가운데로부터 나오는 불꽃 안에서
그에게 나타나시니라 그가 보니 떨기나무에 불이 붙었으나
그 떨기나무가 사라지지 아니하는지라

모세가 머물던 미디안 광야는 오늘날 사우디아라비아 서편, 아카바만(Gulf of Aqaba) 동편에 펼쳐진 광대한 건조 지대였습니다. 이곳은 안정적이고 고정된 정착보다는 불안하지만 지속적인 이동이 삶의 방식이 되는 땅이었습니다. 미디안의 유목민들은 가축의 풀을 따라 계절과 지형을 넘나들며 살아갔습니다. 전통적인 해석에 따르면 미디안 광야와 호렙산(mountain Horeb) 사이에는 상당한 거리가 있습니다. 호렙산, 곧 시내산은 전통적으로 시나이반도 남부에 위치한 것으로 이해되어 왔습니다. 이 시기 모세는 유목민으로서 미디안 광야와 시내반도 사이의 광활한 땅을 오가며 양 떼를 이끌었을 가능성이 큽니다. 정치의 중심도, 문명의 심장도 아닌 이 변방의 경계 지대에서 그의 일상은 반복되었고, 삶은 낮은 리듬으로 가라앉아 있었습니다. 그러나 바로 그 경계에서 하나님을 만날 무대는 조용히 준비되고 있었습니다.

호렙산에서 하나님을 만나기 전까지 모세의 인생은 격렬한 전반전이었습니다. 히브리인으로 태어나 애굽 궁전에서 자랐고, 히브리인에 대한 애굽의 불의를 견디지 못해 살인을 저지른 뒤 광야로 도망쳤습니다. 그렇게 미디안에서 그는 제사장 이드로를 만나 그의 딸 십보라와 가정을 이루고, 목동으로 살아갑니다. 그리고 40년, 이 시간은 실패를 피해 도망친 시간이 아니라 인생을 재정비하는 시간이었습니다. 제국 중심 왕궁의 언어를 잊고, 권력의 문법을 내려놓고, 하루의 속도를 가축의 걸음에 맞추는 시간. 이 인생의 하프타임(half-time) 동안 모세는 자신을 비우며 애굽의 이름들을 하나씩 잊어갔습니다. 출애굽이라는 거대한 사역은 이렇게 아무 일도 일어나지 않는 듯한 고요한 중간 시간 속에서 준비되고 있었습니다.

하나님은 떨기나무 가운데 타오르는 불로 모세에게 오셨습니다. 불은 붙었으나 나무는 사라지지 않았습니다. 이는 하나님의 임재가 파괴가 아니라 보존이며, 소멸이 아니라 지속임을 보여 줍니다. 이 불은 하나님의 꺼지지 않는 열정이요, 이스라엘을 향한 포기하지 않는 사랑이었습니다. 동시에 불타는 떨기나무는 고통받는 이스라엘의 형상이기도 합니다. 눌리고 타들어 가는 현실을 반영하지만, 불같은 고난 속에서도 그들의 생명은 불에 타 사그라들지 않습니다. 하나님께서 그 고통 가운데 함께 계셨기 때문입니다. 놀랍게도 하나님은 자기 백성의 고통을 멀리서 관망하지 않으셨습니다. 오히려 고난의 한복판으로 들어가 거기 서서, 고통의 불을 구원의 열정의 불로 감당하고 계셨습니다. 하나님의 거룩은 거리 두기가 아니라, 고통 속으로 들어오시는 방식으로 드러납니다.

하나님께서는 애굽 땅에서 신음하는 당신의 백성을 구원하기 위해 그 땅으로 오셨다. 콥틱교회에 의하면 하나님께서는 애굽과 그 땅에 여전한 하나님 백성의 고난을 해결하시기 위해 오신다(사 19:20~21). 그들은 출애굽 이후 예수님의 애굽 피난은 그 예언의 실현으로 본다. 사진은 예수님 피난 경로 가운데 하나인 자발 알 타이르의 성모 마리아 교회이다. 콘스탄티누스 황제의 어머니 헬레나가 성지순례 중 세웠다.

이제 출애굽의 길의 묵상은 '하나님의 오심', 곧 '하나님의 도래'(the advent of God)를 말합니다. 하나님은 모세가 애굽의 기억을 내려놓고, 자신의 무력함을 받아들이며, 하나님의 부르심을 들을 준비가 되었을 즈음에 오십니다. 하나님은 스스로의 뜻과 의지로 당신의 때를 기다리시는 분이십니다. 그리고 때가 이르면 주저하지 않고 내려오시는 분이십니다. "내가 내려가서 그들을 건져내리라"(출 3:8). 출애굽은 인간의 결단으로 시작되지 않았습니다. 하나님의 의지로 이루어진 거룩한 '도래'로 시작되었습니다. 하나님은 고통당하는 당신의 백성을 외면하지 않으시고, 그들의 삶의 현장으로 내려오셔서 불같은 열정으로 구원을 시작하시는 분이십니다. 출애굽의 길은 바로 이 '오시는 하나님'을 만나는 자리에서 열립니다.

출애굽의 길에서 드리는 기도

주여! 고통 가운데서도 당신이 오실 것을
기다리는 믿음을 잃지 않게 하소서.
오셔서 우리 가운데 거하시며,
꺼지지 않는 당신의 불 같은 사랑을 보게 하소서.

부름을 받은 모세

출애굽기 3장 10절
이제 내가 너를 바로에게 보내어 너에게 내 백성
이스라엘 자손을 애굽에서 인도하여 내게 하리라

호렙산에 선 모세의 현재는 실패와 망각 이후의 시간 한가운데에 놓인 무력한 존재의 자리였습니다. 그는 한때 이집트 왕실의 사람이었습니다. 성경과 고대 근동 자료를 종합하면, 그는 약 40년 동안 제국의 중심에서 교육받고 훈련된 인물이었습니다. 이집트 제18왕조는 실제로 자국 귀족과 지방 토호, 그리고 주변국 왕들의 자녀를 데려와 이집트식 교육을 시행했습니다. 언어와 문학, 행정과 군사, 통치의 기술이 그 교육의 핵심이었습니다. 모세 역시 그러한 체계 속에서 길러졌을 것입니다. 그의 사고방식과 말투, 몸의 감각까지도 이집트인으로 빚어졌을 가능성이 큽니다. 공주의 아들로 자라며 제국의 질서를 배우고, 제국의 힘을 내면화한 인물이 바로 모세였습니다.

그러나 미디안 광야에서의 또 다른 40년은 그 모든 것을 지워내는 시간이었습니다. 그는 왕실의 언어를 내려놓고, 제국의 옷을 벗고, 지팡이를 든 목자가 되었습니다. 그 시간 동안 모세는 지식과 기술만 잊은 것이 아니라, 자기 자신을 잃어갔습니다. 지도자라는 자기 인식, 귀하게 쓰임 받으리라는 기대, 스스로에 대한 신뢰까지도 미디안과 시나이 광야의 바람 속에서 마모되고 사그라들었습니다. 그는 자신을 '한낱 목자'로 규정하기에 충분한 시간을 살았습니다. 비록 불타는 떨기나무 앞에서 그 비범함을 알아보는 남다른 감각은 있었지만, 그것이 그를 세상을 위해, 하나님의 부르심 앞에 나서게 하는 용기로 이어지지 않았습니다. 그의 내면은 이미 "나는 아니다"라는 결론에 이르러 있었습니다.

출애굽기 3장과 4장은 설득하시는 하나님과 물러서는 인간 사이의 긴 대화로 채워져 있습니다. 하나님께서는 "나는 스스로 있는 자"(I am who I am. 출 3:14)라는 담대한 선언 이후, 모세를 이스라엘 자손의 구원을 위한 지도자로 부르십니다. 그러나 모세는 그 부르심 앞에서 자신의 무능과 결핍을 하나하나 내어놓습니다. 그는 말할 줄 모른다고 말하고, 백성이 자신을 믿지 않을 것이라 하며, 마침내 "보낼 만한 자를 보내소서"라고 요청합니다(출 4:13). 이는 단순한 겸양이 아니라, 소명을 감당할 자신이 완전히 소진된 인간의 고백입니다. 그러나 하나님은 물러서지 않으십니다. 능력을 보강해 주겠다고 설득하지 않으시고, 조건을 바꾸어 주지도 않으십니다. 대신 단 하나의 약속을 주십니다. "내가 너와 함께하리라." 이 부르심의 중심에는 언제나 하나님 자신이 계십니다.

성경이 일관되게 증언하는 한 가지 초점이 있습니다. 하나님은 스스로를 '비천한 종'으로 인식하는 사람을 부르신다는 사실입니다. 모세는 자신을 실패한 목자로 여겼고, 다윗은 들판에서 양을 치던 막내

애굽으로부터 도망친 모세가 살았던 곳은 미디안 광야였다. 그는 거기서 목동이 되었고 40년 간 양과 염소를 치며 살았다. 그러다 거룩한 호렙산에 이르러 거기 타지 않는채 활활 타오르는 떨기나무 가운데 하나님을 만나게 된다. 사진은 호렙산으로 알려진 시나이 반도 중남부 시내산의 전경이다. 아래 성 카트리나 수도원이 있다. 수도원 안에는 모세의 떨기나무로 알려진 나무가 남아 있다.

였으며, 마리아는 이름 없는 시골 처녀였습니다. 이들의 공통점은 뛰어난 능력이 아니라, 자신을 크게 여기지 않는 자기 인식이었습니다.

그래서 그들의 삶에는 하나님의 말씀이 머물 자리가 있었습니다. 소명은 인간의 자신감에서 시작되지 않습니다. 오히려 망설임과 두려움 속에서, 그러나 끝내 하나님의 설득을 받아들이는 자리에서 태어납니다. 마리아의 "말씀대로 내게 이루어지이다"(눅 1:38)와 모세의 "하나님의 지팡이를 손에 잡았더라"(출 4:20)는 같은 고백입니다. 그들은 준비되었기 때문에 순종한 것이 아니라, 순종함으로 비로소 하나님의 사람으로 세워졌습니다. 하나님은 오늘도 작은 자를 부르시며, 그 부르심의 완성은 인간의 결단이 아니라 하나님과 함께 걷는 길 위에서 이루어집니다.

출애굽의 길에서 드리는 기도

주여! 자격 없다고 물러서는 우리를 끝까지
설득하시고 세우시는 당신의 음성을 듣게 하소서.
우리의 손에도 당신의 지팡이를 쥐게 하시고,
함께 가시는 길에 순종하게 하소서.

하나님께서 불러내시다

출애굽기 8장 1절
여호와께서 모세에게 이르시되 너는 바로에게 가서 그에게 이르기를
여호와의 말씀에 내 백성을 보내라 그들이 나를 섬길 것이니라

이집트에서 파라오는 단순한 정치적 지배자가 아니었습니다. 그는 이집트 신들의 뜻을 땅에 구현하는 존재였고, 최고 신 아문-라(Amun-Ra)의 자기를 드러낸 존재이자, 그가 추구하는 이집트의 마아트, 곧 우주의 질서와 정의를 유지하는 중심이었습니다. 그는 아문-라의 아들이며 파라오의 수호신인 호루스(Horus)와 연계된 살아있는 신 라호르아크티(Ra-Horakhty)로 여겨졌습니다. 그는 이집트를 지배하는 신의 실질적인 현현(顯現)이었습니다. 결국 파라오를 섬긴다는 것은 최고신에 대한 예배의 행위였고, 동시에 정치적 충성과 경제적 종속을 포함하는 전인적 복속이었습니다. 제사의 언어와 행정의 명령, 노동과 조세의 체계는 서로 분리되지 않았습니다. 이집트의 신전은 곧 행정 중심지였고, 그로부터 파생되는 경제는 종교적 질서를 유지하기 위한 수단이었습니다. 이집트의 세계관 안에서 "섬김"은 곧 삶 전체를 파라오의 질서에 맡기는 일이었습니다.

히브리 이스라엘 자손이 이집트에서 종살이한다는 것은 바로 이 체계의 가장 아래에서 파라오를 떠받치는 존재가 되었다는 뜻입니다. 그들의 노동(labor)은 파라오의 신적 권위를 강화하는 토대였고, 그들의 땀은 이집트 신들의 영광을 유지하는 연료였습니다. 그들은 신전의 제사에 직접 참여하지 않았을지라도, 벽돌을 굽고 국고성을 세우는 일로 이미 이집트의 신들을 섬기고 있었습니다. 종살이는 단지 육체의 억압이 아니었습니다. 그것은 이집트 신들의 계보 아래 파라오를 중심으로 하는 질서의 세계관에 포로가 되는 것이었습니다. 이집트의 파라오들은 이 체계를 중요하게 여겼습니다. 그들은 이집트 안에서 다른 신, 다른 왕, 다른 질서를 상상할 수 없게 했습니다. 오직 파라오를 중심으로 하는 구조화된 예배 질서 아래에서만 평안할 수 있다고 그들은 역설했습니다.

이 지점에서 하나님께서는 단호하게 말씀하십니다. "내 백성을 보내라, 그들이 나를 섬길 것이니라"(출 8:1) 여기서 '섬기다'라는 말은 히브리어 '아보다'(*aboda*)입니다. 이 단어는 예배를 뜻하면서 동시에 노동과 봉사를 의미하는 복합적인 단어입니다. 하나님께서는 당신의 백성을 파라오를 향한 '아보다'에서 끌어내어, 하나님 당신의 '아보다'로 부르십니다. 하나님께서는 당신의 백성을 더는 거짓 지배자와 신들을 위해 일하지 않게 하시고, 참된 왕을 예배하며 섬기게 하십니다. 하나님을 섬긴다는 것은 성소 안에서만 무릎 꿇는 일이 아니라, 삶의 모든 영역에서 하나님을 주인으로 인정하고 그분을 위해 일하는 존재로 살아가는 것입니다. 출애굽기 8장 1절은 예배의 장소를 바꾸라는 말씀이 아니라, 삶의 주인을 바꾸라는 선언입니다.

하나님께서는 모세와 함께 고센으로 가셨다. 거기서 놀라운 능력으로 당신의 백성을 구원하여 이끌어내셨다. 고센은 19왕조 이래로 이집트 파라오들의 중요한 거점이 되었다. 사진은 20왕조 이래로 크게 발달한 도시 타니스(Tanis, 성경의 소안) 곳곳에 남아 있는 거대한 벽돌 유적이다. 이스라엘 자손은 여기서 이런 벽돌을 만드는 일에 동원되었다.

그러므로 출애굽은 단순한 '탈출'이 아닙니다. 그것은 섬김의 전환이며, 예배의 회복입니다. 인간은 본래 하나님께서 지으신 동산에서 하나님과 그분의 피조물을 위해 '아바드'(*abad*), 곧 경작하며 섬기도록 부름 받은 존재였습니다. 그러나 타락 이후 인간의 일과 예배는 하나님 중심에서 이탈했고, 결국 다른 왕과 다른 신들을 위해 소모되는 노동으로 전락했습니다. 출애굽은 이 왜곡된 질서를 되돌리는 하나님의 결정적 개입입니다. 하나님께서 불러내신 이유는 자유 그 자체가 아니라, 올바른 섬김을 회복시키기 위함입니다. 세상의 왕과 그 배후의 거짓 신들을 떠나, 참된 주인이신 하나님께 돌아와 그분만을 섬기고 예배하는 자리로 나아가는 것, 그것이 출애굽입니다.

출애굽의 길에서 드리는 기도

주여! 우리가 누구를 위해 일하고,
누구 앞에 무릎 꿇고 있는지를 분별하게 하소서.
파라오를 섬기는 일에서 벗어나 오직 주님만을 섬기는
참된 예배의 삶으로 우리를 불러내소서.

목이 곧은 바로

출애굽기 9장 35절
바로의 마음이 완악하여 이스라엘 자손을 내보내지 아니하였으니
여호와께서 모세에게 말씀하심과 같더라

신왕국 시대 이집트의 파라오는 단순한 국가 최고 지배자가 아니었습니다. 그는 이집트 세계관 전체를 떠받치는 중심축이었습니다. 행정과 군사, 경제를 통괄하는 최고 권력자였을 뿐 아니라, 신들의 질서가 땅 위에서 구현된 존재로 이해되었습니다. 앞서 살핀 것처럼 파라오는 아문-라의 아들이자 호루스의 현현으로 여겨졌고, 그의 통치는 곧 마아트, 곧 우주의 질서와 정의가 유지되고 있음을 보여 주는 증표였습니다. 파라오의 왕권은 이집트의 모든 법 위에 있었고, 신전과 제사 체계, 토목과 건축, 조세와 노동 동원까지 모두 그의 이름 아래 움직였습니다. 그러므로 파라오의 결정은 정치적 판단이 아니라 신적 질서의 선포로 받아들여졌고, 그 권세에 도전한다는 것은 곧 이집트 세계 전체에 도전하는 행위였습니다.

출애굽기 5장 2절에서 바로는 단도직입적으로 말합니다. “여호와가 누구이기에 내가 그의 목소리를 듣고 이스라엘을 보내겠느냐.” 이

질문은 이스라엘의 신에 대한 무지의 고백이 아니라, 이스라엘 자손이 고백하는 하나님을 향한 의도적 도발이었습니다. 바로는 여호와를 '알 필요 없는 존재'로 밀어내며, 자신을 신들과 대등한 자리에 세웁니다. 이집트 신학에서 파라오는 신들의 뜻을 중개하는 존재가 아니라, 그 뜻을 직접 구현하는 주체였습니다. 그러므로 바로에게 여호와 하나님은 협상의 대상이 아니라, 기존 질서를 흔드는 외부 변수에 불과했습니다. 그의 교만과 완악함은 단순한 성격적 결함이 아니라, 체제 전체가 공유한 자기 확신이었습니다. 바로는 하나님을 거부한 것이 아니라, 하나님을 자신과 같은 수준으로 끌어내려 평가한 것입니다. 이것이 출애굽 서사가 규정하는 바로의 근본적 죄악입니다.

그러나 출애굽기는 바로의 완악함을 단선적으로 설명하지 않습니다. 본문은 "바로의 마음이 완악하였다"(출 7:13, 7:22, 8:19, 9:7, 9:35)는 표현을 반복적으로 사용하며, 그 상태가 점점 고착되어 가는 과정을 보여 줍니다. 동시에 출애굽기는 바로가 스스로 자기 마음을 "완강하게 했다"는 표현을 분명히 사용합니다(출 8:15, 8:32, 9:34). 그는 의도적으로, 그리고 반복적으로 자신의 마음을 굳게 만듭니다. 그런데 가장 신중하게 다루어야 할 표현은 "여호와께서 바로의 마음을 완악하게 하셨다"는 진술입니다(출 9:12, 10:1, 10:20, 10:27, 11:10). 파라오는 경고와 재앙 속에서도 듣지 않기를 선택했고, 하나님은 그 선택을 강제로 꺾지 않으신 채 끝까지 드러나도록 두십니다. 이는 악을 주입하셨다는 뜻이 아니라, 이미 굳어져 가는 마음을 돌이키지 않으시고 그 길의 결과를 역사 속에 노출하셨다는 출애굽기의 신중한 성찰입니다. 출애굽기의 하나님은 파라오의 자유를 박탈하지 않으시되, 그 자유가 어디로 향하는지를 분명히 기록하십니다.

이집트의 파라오는 대단한 권세를 가진 왕이었다. 그는 신적인 존재로 추앙받았고 절대 권력의 소유자였으며, 모든 것이 가능한 존재였다. 이집트 역사가들은 특히 람세스 2세야말로 대단한 자아 중심주의자였을 것으로 본다. 그는 이스라엘 자손 뿐 아니라 자기가 다스리는 모든 백성에게 고집스러운 존재였다. 사진은 그가 아부심벨 입구에 세운 네 개의 자기 신상이다.

출애굽의 길에서 점점 완악해지는 바로의 모습은 한 개인의 몰락

이야기가 아닙니다. 그것은 권력이 스스로를 고체화하고 절대화할 때 어떤 방향으로 흘러가는지를 보여 주는 전형입니다. 처음에는 협상처럼 보였던 '거부'가 반복될수록 '고집'이 되고, 마침내는 '파괴'로 나아갑니다. 출애굽은 억눌린 백성이 풀려나는 사건만을 기록하지 않습니다. 동시에 완악함이 어떻게 한 체제를 무너뜨리는지를 증언하는 이야기입니다. 오늘 출애굽의 길을 걷는 우리는 바로를 단순히 비난할 대상이 아니라, 경계해야 할 거울로 읽어야 합니다. 하나님의 말씀 앞에서 귀를 닫는 선택이 반복될 때, 인간은 어느 순간 스스로 돌아설 힘마저 잃게 됩니다. 출애굽의 교훈은 분명합니다. 자유는 강퍅한 마음을 꺾는 자리에서 시작됩니다.

출애굽의 길에서 드리는 기도

주여! 자기 확신에 취한 바로의 완악함이
우리에게 있지 않은지 돌아보게 하시고
굳어 가는 마음을 꺾어 주시고,
부드러운 마음으로 말씀을 듣는
거룩한 백성의 자리에 서게 하소서.

나일강의 세계가 흔들리다

출애굽기 7장 4절
바로가 너희의 말을 듣지 아니할 터인즉
내가 내 손을 애굽에 뻗쳐 여러 큰 심판을 내리고
내 군대, 내 백성 이스라엘 자손을 그 땅에서 인도하여 낼지라

하나님께서는 바로와 애굽의 교만을 보시고, 그들이 절대적이라 확신하던 자연과 삶의 질서를 흔들기로 결단하십니다. 열 가지 재앙의 시작입니다. 첫 번째 재앙의 무대는 나일강이었습니다. 그것은 우연이 아니라 하나님의 섭리적 선택이었습니다. 고대 이집트에서 나일강은 단순한 강이 아니라 생명의 근원이자 신성의 통로였습니다. 해마다 반복되는 범람은 하피(Hapi)의 은총으로 이해되었고, 질서 정연한 흐름은 세계가 안정적으로 유지되고 있다는 증표였습니다. 그러나 하나님께서는 바로 그 중심을 치십니다. 물이 피로 변하고(출 7:17~21), 강은 개구리를 토해 내며(출 8:1~7), 흙은 이 떼로 변합니다(출 8:17~19). 생명을 낳던 강이 죽음의 냄새를 풍길 때, 이집트 사람들이 의지하던 자연의 신들은 침묵합니다. 이는 자연의 배후에 계신 참된 주권자가 누구인지를 드러내는 첫 선언이었습니다. 강을 흐르게 하는 이는 강 자체가 아니며, 그 질서를 유지하는 것은 신화가 아

니라 하나님의 손이라는 사실이 드러납니다.

이제 하나님의 싸움은 더욱 넓어집니다. 나일강이 만들어 낸 풍요는 이집트 사회를 화려하게 빛나게 했습니다. 곡식 창고는 가득 찼고, 장인들의 기술은 정교해졌으며, 제국은 문화와 경제의 번영을 자랑했습니다. 그러나 파리와 모기(출 8:20~32), 가축의 전염병(출 9:1~7), 피부에 돋는 독종(출 9:8~12), 그리고 우박(출 9:13~35)과 메뚜기(출 10:1~20)의 재앙은 그 풍요의 토대를 하나씩 무너뜨립니다. 이는 단순한 불편이나 자연재해가 아니라, 이집트가 쌓아 올린 번영 신화의 붕괴였습니다. 세 번째 재앙부터 여덟 번째 재앙까지는 애굽 사람들이 굳게 믿어 의심치 않던 안정과 질서가 얼마나 취약한 기반 위에서 있었는지를 폭로합니다. 인간의 문명이 거짓 신들을 앞세워 스스로를 절대화할 때, 그것이 얼마나 연약한지를 하나님께서 드러내십니다. 찬란하던 제국의 확신은 불안으로 바뀌고, 자신감은 두려움으로 전환됩니다.

열 가지 재앙의 깊은 중심에는 마아트에 대한 하나님의 도전이 놓여 있습니다. 마아트는 정의와 질서, 조화와 균형을 뜻하는 이집트의 핵심 개념이자, 그 자체로 신적 존재로 여겨졌습니다. 이집트 사람들은 자신들이 세운 질서가 영원히 흔들리지 않을 것이라 믿었습니다. 그러나 그 질서는 철저히 자기중심적이었고, 제국의 안녕을 위해 타자의 고통을 정당화하는 구조였습니다. 그 견고한 질서의 그늘 아래에는 신음하는 히브리인들이 있었습니다. 하나님께서 행하신 재앙은 혼돈을 퍼뜨리기 위한 무질서가 아니라, 거짓 질서를 무너뜨리는 심판이었습니다. 이 싸움의 결말은 분명합니다. 마아트는 신적 질서가

나일강은 예측이 가능했다. 이집트의 파라오와 그를 위해 봉사하는 신전의 사제들 특히 크눔과 같은 나일강 신의 사제들은 정기적으로 나일강을 측량했다. 그리고 그 결과로 발생할 범람의 범위, 가능한 경작지의 양 등 여러 일들을 파라오와 공유했다. 사진은 나일강 상류 수에즈에 있는 엘레판틴 섬 크눔 신전 아래 나일강의 수위를 측정하는 나일로미터이다.

아니라 인간이 만들어 붙든 체계였고, 참된 정의와 생명의 질서는 오직 여호와께 속해 있었습니다. 재앙은 파괴 그 자체가 아니라, 억압된 백성을 끌어내기 위한 하나님의 섭리적 승리의 과정이었습니다.

이 이야기는 오늘 우리의 출애굽 읽기에 귀한 교훈이 됩니다. 시편 8편은 노래합니다. “주의 손가락으로 만드신 주의 하늘과 주께서 베풀어 두신 달과 별들을 내가 보나이다.” 세상의 생성과 운행은 지금도 하나님의 섭리 아래 있습니다. 그러나 우리는 보이지 않는 하나님보다 눈에 보이는 힘을 더 쉽게 신뢰합니다. 자연법칙에 대한 우리의 관찰의 힘, 과학, 기술과 시스템, 성과를 올리는데 효율적인 방법들을 신과 유사한 절대자로 떠받듭니다. 출애굽기의 재앙, 특히 첫 여덟 재앙은 바로 이 지점을 향한 경고입니다. 보이는 질서가 곧 구원이 아니라는 사실입니다. 나일강의 세계가 흔들릴 때, 하나님은 오늘 우리의 세계관도 함께 흔드십니다. 우리가 무엇을 의지하며 살아가는지를 묻기 위함입니다.

출애굽의 길에서 드리는 기도

주여! 우리가 신뢰해 온 것들이
흔들릴 때에야 비로소 당신의 손을 봅니다.
이제 만물을 붙드시는
당신의 섭리를 경외하며 걷게 하소서.

하나님, 태양신을 압도하다

출애굽기 12장 12절
내가 그 밤에 애굽 땅에 두루 다니며 사람이나 짐승을 막론하고
애굽 땅에 있는 모든 처음 난 것을 다 치고
애굽의 모든 신을 내가 심판하리라 나는 여호와라

신왕국 시대 이집트 종교의 심장부는 테베(Thebes), 곧 이집트어로 와세트(Waset)라 불린 도시에 자리한 카르낙 신전(Karnak Temple)이었습니다. 이 도시는 나일강 동편, 곧 살아 있는 자들의 땅으로 여겨진 곳이었습니다. 카르낙 신전은 단순한 제의 공간이 아니라, 이집트 우주 질서가 매일 새롭게 재확인되고 갱신된다고 믿어진 신학적 중심지였습니다. 신전 깊숙한 성소에서는 하(下) 이집트 헬리오폴리스(Heliopolis)의 태양신 라(Ra)와 상(上) 이집트 테베의 보이지 않는 절대신 아문(Amun)이 하나로 결합되는 제의가 거행되었습니다. 본래 '숨은 신'이었던 아문은 라와 결합하며 아문-라(Amun-Ra)가 되었고, 그는 눈부신 빛으로 세계를 비추는 신왕국 시대 최고의 신으로 숭배되었습니다. 파라오와 이집트 사람들은 아문-라의 태양이 떠오르고 지는 빛의 질서가 유지되는 한, 나일강의 이집트는 신의 보호 아래 영원할 것이라 믿었습니다. 빛은 곧 생명과 안정, 그리고 제국의 지속을 보증하는 신성한 증표였습니다.

그러나 이것이 이집트 종교 신학의 전부는 아니었습니다. 죽은 자들의 땅으로 여겨진 나일강 서편은 아멘테트(Amentet)라 불렸고, 수많은 파라오와 귀족들의 무덤이 그곳에 자리했습니다. 이 영역은 사자(死者)의 신 오시리스(Osiris)가 다스리는 세계였습니다. 테베를 중심으로 형성된 이집트 종교 신학의 정점에는 아문-라와 오시리스의 조화가 있었습니다. 나일강 동편, 곧 살아 있는 자들의 세계는 태양신 아문-라가 통치하고, 해가 지는 서편의 세계, 곧 죽은 자들의 영역은 오시리스가 다스린다고 여겨졌습니다. 생(生)은 태양의 떠오름과 함께 시작되고, 사(死)는 오시리스의 심판과 보호 아래 질서 있게 이어진다는 믿음이었습니다. 이 체계는 이집트인들에게 하나의 완결된 신학적 순환이었습니다. 탄생과 성장, 죽음과 사후 세계까지 모두 신들의 통치 아래 안정적으로 관리된다는 확신, 그것이 고대 이집트의 종교적 완성도였습니다.

놀랍게도 출애굽기의 아홉 번째와 열 번째 재앙은 이 복합적 신학 체계를 정면으로 붕괴시킵니다. 흑암이 애굽 온 땅을 덮은 아홉 번째 재앙은 태양신 아문-라의 무력함을 폭로했습니다. 빛의 신이 침묵하고, 태양신이 제 기능을 상실한 그 밤은 이집트 신학의 근간이 붕괴되는 사건이었습니다. 이어진 열 번째 재앙, 곧 처음 난 것의 죽음은 오시리스의 영역을 직접 겨냥합니다. 생과 죽음을 질서 있게 관장한다던 신은 아무것도 지켜내지 못했습니다. 하나님께서는 이 두 재앙을 통해 분명히 보이셨습니다. 빛은 창조주 하나님께로부터 나오며, 인간의 생명과 죽음은 어떤 신적 분업 체계가 아니라 하나님의 주권적 섭리 아래 놓여 있다는 사실입니다.

신왕국 시대 이집트 최고의 신은 아문-라이다. 하(下) 이집트 헬리오폴리스의 태양신 라(Ra)와 상 이집트 테베의 최고 신 아문(Amun)이 합쳐진 존재이다. 고대 이집트 사람들은 파종기인 오페트 축제 기간에 테베 카르낙 신전 성소의 제단 위에서 두 최고의 신이 합쳐져 아문-라가 된다고 보았다. 사진은 두 신이 합쳐질 때 태양빛이 깃들던 테베 카르낙 신전 성소의 제단이다.

출애굽기 12장 12절은 이 사건의 본질을 단호하게 선언합니다. “애굽의 모든 신을 내가 심판하리라.” 시편은 이때 이 놀라운 사건을 기억하고 해석하며 노래합니다. "그가 애굽에서 처음 난 자를 치셨음이여 그의 인자하심이 영원함이로다"(시 136:10). 또 다른 시편은 이렇게 그 때의 일을 신학적 고백으로 빚어냅니다. "조각한 신상을 섬기며 허무한 것으로 자랑하는 자는 다 수치를 당할 것이라 너희 신들아 여호와께 경배할지어다"(시 97:7). 출애굽은 단순한 해방 사건이 아니라, 거짓 신들의 통치가 무너지고 하나님의 왕권이 역사 속에서 드러난 결정적 순간이었습니다. 하나님의 승리는 그분의 백성이 어디에 서야 하는지를 확정합니다. 빛과 생명, 죽음과 미래를 관장하시는 하나님의 주권 아래 서는 것, 그것이 출애굽의 길의 목적입니다. 오늘 우리 역시 이 길을 걷습니다. 보이지 않게 우리 삶을 지배하는 현대의 우상들을 떠나, 오직 하나님 나라의 통치 가운데로 나아가는 길을 말입니다.

출애굽의 길에서 드리는 기도

주여! 빛과 생명과 죽음까지도 다스리시는 주권 앞에
우리의 우상과 헛된 의지들을 내려놓게 하시고
거짓 신들의 통치에서 벗어나 오직 하나님의 나라와
그 통치 아래 서는 출애굽의 길을 이루게 하소서.

유월절 구원의 하나님

출애굽기 12장 13절
내가 애굽 땅을 칠 때에 그 피가 너희가 사는 집에 있어서
너희를 위하여 표적이 될지라 내가 피를 볼 때에 너희를 넘어가리니
재앙이 너희에게 내려 멸하지 아니하리라

유월절(the Passover) 사건은 출애굽 서사의 가장 긴박하고 어두운 밤에 일어났습니다. 하나님께서는 애굽 땅을 두루 다니시며 사람과 짐승을 막론하고 모든 처음 난 것을 치셨고, 그 심판은 왕궁에서부터 가장 비천한 집에 이르기까지 예외 없이 임했습니다(출 12:29~30). 이 밤은 애굽이 의지하던 질서와 신들의 무력함이 여실히 드러난 시간이었습니다. 그러나 그 심판의 한가운데에는 분명한 구분이 있었습니다. 문설주와 인방에 어린양의 피가 발린 집은 죽음이 스쳐 지나갔고, 피가 없는 집에는 통곡과 상실이 머물렀습니다. 유월절은 애굽의 어둠 한복판에서 하나님께서 친히 생명과 죽음의 경계를 그으신 사건이었습니다. 이스라엘의 구원은 혼란 속의 탈출이 아니라, 하나님께서 보시는 표적에 근거한 주권적이고 의도적인 구별의 은혜로 시작되었습니다.

이 유월절은 출애굽 이야기 전체에서 첫 번째 기준점으로 작용합

니다. 이스라엘은 아직 애굽을 떠나지도 않았고, 홍해를 건너지도 않았으며, 광야를 경험하지도 않았습니다. 그럼에도 이 사건을 통해 이미 구원받은 백성이 되었습니다. '피'가 먼저였고, '길'은 그다음이었습니다. 이 순서는 출애굽이 단순한 공간 이동이나 정치적 해방이 아니라, 하나님의 판단과 선택 안에서 시작된 구속의 역사임을 분명히 보여 줍니다. 하나님께서는 먼저 백성의 신분을 바꾸셨고, 그다음 이동의 길을 여셨습니다. 유월절은 이후에 펼쳐질 모든 여정 즉, 홍해의 기적, 광야의 훈련, 시내산의 언약을 해석하는 출발선이 되었으며, 하나님께서 싸우신 길이 어디에서 시작되는지를 선명하게 선언하는 사건으로 자리 잡았습니다.

그래서 이 기준점은 이스라엘의 신앙 기억 속에서 결코 사라지지 않았습니다. 유월절은 해마다 지켜야 할 절기가 되었고(출 13:6; 3:10), 하나님의 백성은 이 사건을 반복해서 기억하며 자신들이 어떤 은혜로 살아가는 공동체인지를 배워 왔습니다. 이 기억은 단순한 과거 회상이 아니라, 현재의 삶을 규정하는 신앙의 토대였습니다. 그리고 이 유월절의 흐름은 신약에서 새로운 깊이와 완성을 향해 나아갑니다. 무엇보다 우리 주 예수 그리스도께서는, 스스로 유월절 어린양이 되셔서 출애굽 하나님 구원의 여정을 계속 이어가는 이들에게 그 길의 새로운 출발선이 되어 주셨습니다(요 1:29, 고전 5:7). 예수님께서는 유월절에 십자가에 달리셨고, 복음서는 그분을 말없는 어린양으로 전합니다. 하나님 유월절 어린양의 단 한 번의 희생으로 이루어진 구원이 우리 구원의 열쇠가 됩니다. 출애굽의 밤은 하나님의 애굽 신들과의 싸움의 승리에서 그리고 궁극에 예수 그리스도의 십자가

출애굽 하나님은 애굽을 향한 심판의 시간에 이스라엘 자손의 대속을 위해 양의 피를 문설주에 바르게 하셨다. 그 문 안에 있는 사람은 이스라엘 자손과 비이스라엘 자손을 무론하고 누구나 구원을 받았다. 사진은 알렉산드리아 인근에 있는 옛 스케티스 전통의 성 비쇼이 수도원에 있는 수도사들의 기도굴 입구이다. 수도사들은 지금도 그들의 구원을 위해 번잡한 세속을 떠나 이곳 수도원의 동굴 같은 작은 방으로 들어가 거기서 기도하며 생활한다.

승리에서 새벽의 빛을 열게 되었습니다.

그러므로 유월절은 오늘 구원받은 하나님의 백성에게 분명한 방향을 설정해 줍니다. 누군가의 피로 이루어진 해방은 다시 애굽으로 되돌아가는 우매함으로 이어질 수 없습니다. 누군가의 희생으로 열린 자유는 자기 만족을 위한 방종이나 방향 없는 삶으로 흘러갈 수 없습니다. 피로 시작된 구원은 반드시 삶의 방향을 요구합니다. 애굽의 과거로 돌아가지 않겠다는 결단, 죄와 거짓의 질서에 다시 발을 들이지 않겠다는 선택, 그리고 하나님께서 열어 가시는 길을 끝까지 따르겠다는 신앙의 정진이 뒤따라야 합니다. 유월절은 출애굽의 길 전체를 관통하는 지표입니다. 우리는 어디서부터 출발했는지를 잊지 않을 때에만, 어디로 가야 하는지를 분명히 알 수 있습니다. 이 유월절 어린양의 피를 지표로 삼을 때, 하나님의 백성은 앞으로의 길에서도 흔들림 없이 걸어가게 됩니다.

출애굽의 길에서 드리는 기도

주여! 유월절 어린양의 피를
우리 믿음의 표적이자 길의 지표로 삼게 하소서.
그 피를 따라 흔들림 없이 걸으며,
구원에 합당한 삶으로 신앙의 정진을 이루게 하소서.

Forty day Meditations for Spiritual Pilgrims

애굽을 떠나는 길

Forty day Meditations for Spiritual Pilgrims

애굽을 떠나는 길

이스라엘과 잡족들

출애굽기 12장 38절
수많은 잡족과 양과 소와 심히 많은 가축이 그들과 함께 하였으며

이집트 역사를 연구한 학자들은 힉소스(Hyksos)와 하피루(Hapiru)를 단일한 민족 집단이 아니라, 시대적·사회적 조건 속에서 형성된 복합적 구성체로 이해합니다. 힉소스는 나일 삼각주 동부에 정착한 셈족 계열 이주민들의 연합체였으며, 혈연 공동체라기보다 무역과 생존을 중심으로 결속된 다층적 유민 사회였습니다. 그들은 이집트 내부의 균열을 틈타 권력을 장악했지만, 동시에 이집트 문명에 깊이 흡수된 혼합적 존재이기도 했습니다. 한때 이집트를 지배하는 세력으로까지 성장했으나, 신왕국 제18왕조의 등장과 함께 축출되었고, 이후에는 노역과 통제의 대상이 된 집단으로 전락합니다. 힉소스 이후 그 잔존 세력으로 여겨지는 하피루 역시 특정 민족을 가리키는 명칭이라기보다, 제국의 행정 문서와 외교 문헌 속에서 반복적으로 등장하는 사회적 계층에 가깝습니다. 하피루는 정주 질서에서 이탈한 이들, 국경을 넘나드는 노동자와 용병, 피난민과 채무자, 도망자들의 느슨한 연합이었으며, 제국의 중심이 아니라 가장자리에서

생존을 모색하던 존재들이었습니다. 힉소스와 하피루는 모두 잦은 이동과 불안정성을 공통된 특징으로 지닌, 말 그대로 '흐르는 사람들' 이었습니다.

만일 고센 땅에 살던 이스라엘 자손을 힉소스의 일부로 본다면, 출애굽은 단순한 노예 해방 사건을 넘어 제국 권력의 재편 과정에서 밀려난 집단의 대이동으로 읽힐 수 있습니다. 힉소스 축출 이후, 그들과 연관된 모든 집단은 잠재적 위협으로 간주되었고, 성경이 말하는 히브리, 곧 하피루로 취급되었을 가능성이 큽니다. 이스라엘 역시 그 여파 속에서 점차 억압의 대상이 되었을 것입니다. 또 이스라엘을 하피루의 일부로 이해할 경우, 이들은 애초부터 제국 질서에 완전히 편입되지 못한 경계인들이었습니다. 하피루로서의 이스라엘은 제국의 중심이 아닌 변방에서 노동하며 살아남았고, 언제든 이동할 수밖에 없는 불안정한 삶을 견뎌야 했습니다. 중요한 것은 이 두 해석이 서로 배타적이지 않다는 점입니다. 이스라엘은 제국의 역사 속에서 힉소스적 기억을 지닌 채, 동시에 하피루적 현실을 살아낸 복합적 공동체였을 가능성이 큽니다. 출애굽은 바로 이 '경계의 사람들'을 하나님께서 역사 속에서 불러내신 사건이었습니다.

출애굽기 12장 38절은 이스라엘의 이동이 결코 순혈 공동체의 행진이 아니었음을 분명히 증언합니다. "수많은 잡족"(*erev rav*, the mixed multitude)은 혈통적으로 이스라엘에 속하지 않았으나, 동일한 밤, 동일한 두려움과 기대 속에서 이스라엘 자손과 함께 애굽을 떠난 사람들이었습니다. 본문은 이들을 주변부로 밀어내지 않고, 이스라엘의 출발 장면 한가운데에 배치합니다. 이는 출애굽이 민족적

하나님의 구원은 유전적인 아브라함과 야곱의 자손 이스라엘 민족에게만 제한되지 않았다. 하나님의 구원은 그 구원을 얻기 위해 양의 피를 바른 안쪽에 자리했던 모든 사람들에게 동일하게 임하는 은혜였다. 오늘 하나님의 구원 역시 모든 세속의 도시로부터 벗어나 하나님의 구원이 있는 광야로 나오기를 원하는 모두에게 주어진다.

독립 선언이기 이전에, 하나님의 구원이 만들어내는 새로운 연합의 시작이었음을 보여 줍니다. 이사야서에 반복해서 등장하는 '열방'의 비전—시온으로 몰려오는 이방 민족들, 빛을 향해 나아오는 뭇 백성들—은 이미 출애굽의 첫 장면 속에 예표되어 있었습니다. 하나님께서 애굽을 심판하실 때, 동시에 그 심판의 밤을 건너 구원의 대열에 합류한 이들이 있었던 것입니다.

이 '잡족'은 오늘날 복음 선교를 비추는 중요한 거울입니다. 하나님께서는 처음부터 이스라엘만을 위한 하나님이 아니셨습니다. 이스라엘은 선택의 목적이 아니라, 선택의 통로였습니다. 출애굽 공동체 안에 섞여 있던 "수많은 잡족"은 하나님의 구원이 혈통과 경계를 넘어 확장될 것임을 보여 주는 살아 있는 증거였습니다. 이 흐름은 요한계시록 7장에서 절정을 이룹니다. 마지막 날, 능히 셀 수 없는 무리가 "각 나라와 족속과 백성과 방언" 가운데서 나와 어린양 앞에 서서 찬양합니다. 계시록의 마지막 영광으로 이어지는 출애굽의 길은 결국 선교의 길입니다. 하나님께서는 한 민족을 불러내어 모든 민족을 향해 나아가십니다. 그리고 그 길에는 언제나, 이름 없는 잡족들이 함께 걷고 있습니다.

출애굽의 길에서 드리는 기도

주여! 주께서 여시는 구원의 길이
이기적인 나만의 길이 되지 않게 하시고,
나와 우리를 넘어 세상 모든 이들이
함께 걷는 생명의 길이 되게 하소서.

숙곳에 모이다

출애굽기 12장 37절
이스라엘 자손이 라암셋을 떠나서 숙곳에 이르니
유아 외에 보행하는 장정이 육십만 가량이요

고센 땅 라암셋을 떠난 이스라엘 자손의 발걸음은 단순한 이주가 아니었습니다. 그들은 한 도시에서만 출발한 집단이 아니었습니다. 라암셋과 비돔을 비롯해 나일 하류 삼각주 전역에 흩어져, 신도시 건설과 국고성 축조, 신전과 운하 공사에 동원되어 있던 사람들이었습니다. 신왕국 19왕조가 벌여 놓은 거대한 국가 사업의 현장마다 히브리인의 손과 땀이 스며 있었습니다. 그들은 애굽 왕 바로와 애굽 사람들의 강제로, 애굽 전역에서 '나그네'로, '역군'으로 흩어져 살았습니다. 이제 그들이 각자의 노역지를 떠나 한 방향으로 움직이기 시작합니다. 종의 자리에서 일어나는 첫 행보, 흩어진 삶이 하나의 길로 모여드는 순간이었습니다.

성경은 그 첫 집결지를 '숙곳'(Succoth)이라 부릅니다(출 12:37). 남자 장정만 육십만, 공동체 전체로 보면 상상을 초월하는 규모입니다. 그들이 모인 숙곳은 지금 이집트 카이로 서북쪽에 위치해 있습니다. 이 숙곳이라는 장소를 바르게 이해하려면 '와디 투밀라트'(Wadi Tumilat)를 떠올려야 합니다. 이 길은 멤피스와 헬리오폴리스, 곧 고대 이집트의 중심지에서 시나이 반도로 나아가는 동서의 주요 통로였습니다. 나일 문명의 질서를 벗어나 광야로 들어서는 길목, 제국의 심장에서 변방으로 향하는 통로였습니다. 이 길을 따라 동쪽으로 나아가면 수에즈만에서 지중해로 이어지는 세 개의 호수와 그 사이의 수로를 지나게 되고, 그 너머에서 비로소 시나이 반도의 광야, 곧 수르 광야가 펼쳐집니다. 이스라엘은 우연히 떠난 것이 아니라, 애굽을 등지고 광야를 향한 방향성을 분명히 선택한 공동체였습니다. 그리고 그 첫 결절점이 바로 숙곳이었습니다.

숙곳이라는 지명은 단순한 지리 표지가 아니라, 이스라엘 신앙의 언어 자체를 품고 있습니다. 히브리어 '수꼿'(*Sukkot*)은 '장막들', '초막들'을 뜻하는 복수형 명사로, 임시 거처와 이동의 삶을 전제하는 말입니다. 이 단어는 훗날 이스라엘 절기 가운데 하나인 장막절, 곧 '하그 하 수꼿'(*Hag ha-Sukkot*)의 이름이 됩니다. 장막절은 광야에서의 거주를 기억하기 위해 의도적으로 견고한 집을 떠나 초막에 거하는 절기였습니다(레 23:42~43). 다시 말해 숙곳은 단지 "어디에 있었다"는 지명이 아니라, "어떻게 살기 시작했는가"를 선언하는 이름입니다. 오늘날 고고학자들이 특정 지점을 숙곳으로 정하려 애쓰지만, 성경이 말하는 숙곳은 오히려 광야의 장막을 연상시키는 삶의 방식에 더 가깝습니다. 이스라엘 자손은 이곳에서 애굽의 집을 떠나, 움직이는 공동체로서 첫 장막을 쳤습니다. 아직 본격적인 광야는 아니었으나, 그들은 이미 벽돌의 세계를 떠나 천막의 세계로 들어섰고, 정

고센 곳곳으로부터 나온 이스라엘 자손은 숙곳이라는 불리게 되는 곳에 모여들었다. 오늘날 숙곳이라고 알려진 곳은 나일강 하류 델타 지역 동편 아래, 이스말리아로 향하는 옛 투밀라트 운하가 시작되는 사막 같은 곳에 유적으로 남아 있다. 여기서 하나님의 백성은 구원의 광야 여정을 시작했다.

주에서 순례로, 소유에서 의탁으로 삶의 구조를 전환하기 시작했습니다.

출애굽의 길을 묵상할 때, 숙곳은 결코 지나가는 지명이 아닙니다. 숙곳은 물리적 애굽을 떠나는 자리이자, 마음의 애굽을 정리하기 시작하는 출발점입니다. 구원은 단번에 주어지지만, 삶의 방향은 의식적으로 선택되어야 합니다. 바울은 이렇게 말합니다. "만일 땅에 있는 우리의 장막 집이 무너지면 하나님께서 지으신 집 곧 손으로 짓지 아니한 하늘에 있는 영원한 집이 우리에게 있는 줄 아느니라"(고후 5:1). 이 세상에서 우리가 거하던 종의 자리가 무너질 때, 그 자리에서부터 하늘의 장막이 시작됩니다. 결국 우리에게도 숙곳이 필요합니다. 옛 질서와 결별하고, 새로운 길을 향해 공동체와 함께 방향을 정하는 자리. 그곳에서 비로소 출애굽의 길은 실제가 됩니다.

출애굽의 길에서 드리는 기도

주여! 우리의 숙곳을 허락하셔서,
세상이 아닌 당신 계신 곳을 향하게 하소서.
세상 자리를 떠나 주를 따르는
담대한 순례의 첫걸음을 걷게 하소서.

해안길보다 광야길로

출애굽기 13장 17절
바로가 백성을 보낸 후에 블레셋 사람의 땅의 길은 가까울지라도
하나님이 그들을 그 길로 인도하지 아니하셨으니
이는 하나님이 말씀하시기를 이 백성이 전쟁을 하게 되면
마음을 돌이켜 애굽으로 돌아갈까 하셨음이라

이집트 신왕국 시대에 이집트에서 가나안, 곧 팔레스타인으로 나아가는 가장 빠르고 잘 정비된 통로는 해안길, 곧 비아 마리스(Via Maris)였습니다. 이 길은 나일 삼각주 동부의 국경 도시 피람세스(Pi-Ramesses)를 출발점으로 삼아, 술 지역을 지나 지중해 연안을 따라 북상했습니다. 고대의 라피아(Raphia)라 불리던 애굽강 하구 오늘날의 엘아리시(El Arish)를 거쳐 가자(Gaza), 아스글론(Ashkelon), 아스돗(Ashdod)으로 이어지는 이 길은 단순한 이동로가 아니라 제국과 세상을 잇는 핵심 연결망이었습니다. 당대의 군대 이동과 외교 사절단, 조공과 물자의 흐름이 거의 모두 이 노선을 통해 이루어졌습니다. 수백 년에 걸쳐 다져진 국제 도로망, 전쟁과 통치를 위해 유지된 제국의 생명선이 바로 이 길이었습니다. 가까웠고, 빨랐고, 효율적이었습니다. 인간의 계산으로 보면 이 길이야말로 가장 합리적인 선택이었습니다.

그러나 힉소스와의 오랜 전쟁과 그 축출의 기억은 이집트 신왕국의 국경 정책을 근본적으로 바꾸어 놓았습니다. 특히 신왕국 19왕조는 노골적인 군국주의 국가였습니다. 이 시기 이집트는 본토와 아시아 세계 사이에 명확한 군사적 완충지대를 설정합니다. 수에즈만과 지중해 사이에 놓인 발라 호수(Ballah Lake), 팀사 호수(Timsah Lake), 비터 호수(Bitter Lake)를 하나의 방어선으로 삼고, 이 호수들을 수로로 연결하여 '호루스의 길(Way of Horus)'이라 불리는 군사 운하 회랑을 구축했습니다. 이 회랑을 따라 망루와 요새가 촘촘히 배치되었고, 국경을 감시하는 군사 기지들이 연속적으로 이어졌습니다. 성경이 '믹돌(Migdol)'이라 부르는 곳들은 바로 이러한 감시와 통제의 군사 거점들이었습니다. 해안길은 더 이상 누구에게나 열려 있는 길이 아니라, 철저히 관리되고 통제되는 군사 국경선이었습니다.

만일 이스라엘이 이 해안길을 선택했다면 상황은 분명합니다. 그들은 '블레셋 사람들의 땅'이라 불린 지역-이 시대는 실제 블레셋 정착이 아직 이루어지지 않은 시대-에 이르기 전에 이미 이집트의 요새와 병영, 감시망과 마주쳤을 것입니다. 이제 막 출애굽한 노예 공동체가 이집트 정규군과 요새화된 국경선을 통과한다는 것은 곧 전투를 의미했습니다. 피할 수 없는 충돌, 예측할 수 없는 희생, 그리고 다시 애굽으로 되돌아가고 싶은 유혹이 연쇄적으로 뒤따랐을 것입니다. 출애굽기 13장 17절에서 하나님께서 하신 판단은 추상적인 염려가 아니라, 당시의 군사·지정학적 현실을 정확히 꿰뚫은 결정이었습니다. 하나님은 백성의 결단보다 그들의 연약함을 먼저 아셨습니다.

그러나 하나님께서 해안길을 피하신 이유는 단지 전쟁을 피하게

이집트의 사막과 광야는 무척 건조하고 척박한 땅이다. 나일강 주변의 비옥함과는 비교가 되지 않을 만큼 사람과 생명체를 힘들게 한다. 고센을 출발한 이스라엘 자손은 빠르고 안정적인 해안길(성경의 블레셋 사람들의 길)이 아닌 이집트와 시나이 반도의 광야로 나아갔다. 사진은 이집트 서남부의 전형적인 사막의 모습이다.

하려는 데에만 있지 않았습니다. 그분의 목적은 더 깊은 곳에 있었습니다. 곧 연단(鍊鍛)의 길이었습니다. 우리는 신명기의 이 말씀을 기억해야 합니다. “네 하나님 여호와께서 이 사십 년 동안에 네게 광야 길을 걷게 하신 것을 기억하라 이는 너를 낮추시며 너를 시험하사 네 마음이 어떠한지 그 명령을 지키는지 지키지 않는지 알려 하심이라”(신 8:2). 광야는 우회로가 아니라 훈련장이었고, 지연된 길이 아니라 하나님 백성이 형성되는 시간이었습니다. 하나님은 당신 백성을 가장 빠른 길로 목적지에 데려가기를 원하지 않으셨습니다. 먼저 그들을 하나님의 백성으로 빚으시기를 원하셨습니다. 그래서 출애굽의 길은 직선이 아니라 돌아가는 길이며, 가장 가까운 길이 아니라 가장 깊은 길입니다. 광야로 돌아가는 그 길이야말로 진정한 하나님의 출애굽 길입니다.

출애굽의 길에서 드리는 기도

주여! 가장 빠른 길을 구할 때,
가장 바른 길로 이끄심을 알고
광야의 우회 속에서 우리를 하나님의 백성으로
빚어 가시는 주의 뜻에 순종하게 하소서.

구름기둥과 불기둥

출애굽기 13장 21~22절
여호와께서 그들 앞에서 가시며 낮에는 구름 기둥으로 그들의 길을 인도하시고
밤에는 불 기둥을 그들에게 비추사 낮이나 밤이나 진행하게 하시니
낮에는 구름 기둥, 밤에는 불 기둥이 백성 앞에서 떠나지 아니하니라

출애굽기의 구름기둥과 불기둥은 단순한 자연 현상이 아니라, 하나님의 군대가 이동하고 진군할 때 앞서 나아가는 총사령관 하나님의 표지로 읽을 수 있습니다. 고대 근동의 군대는 이동할 때 전방에 횃불을 들고 연기를 피워 부대의 방향과 질서를 유지했습니다. 왕의 행차에는 향을 피우고 불을 밝히는 관습이 따랐는데, 그 연기와 불빛은 "왕이 지금 이 자리에 있다"는 시각적 선언이었습니다. 이러한 맥락에서 구름기둥과 불기둥은 이스라엘이 무질서하게 흩어진 탈주 집단이 아니라, 하나님께서 친히 선두에 서신 조직된 하나님의 군대임을 선포합니다. 그 길의 주도권은 백성에게 있지 않았고, 총사령관이신 하나님께 있었습니다. 출애굽의 행진은 단순한 민족 이동이 아니라, 하나님이 지휘하시는 거룩한 진군이었습니다.

동시에 출애굽 길의 구름기둥과 불기둥은 지리와 기후의 맥락과 언어로도 읽힙니다. 고센의 비옥함을 떠나 광야로 들어선 이스라엘은

낮에는 작열하는 태양 아래 놓였고, 밤에는 급격히 떨어지는 기온과 어둠을 견뎌야 했습니다. 하나님께서는 그 현실을 외면하지 않으셨습니다. 낮에는 구름기둥으로 그늘을 드리워 뜨거운 햇볕을 누그러뜨리셨고, 밤에는 불기둥으로 빛과 온기를 더해 두려움과 추위를 밀어내셨습니다. 이는 광야의 혹독함을 제거하신 것이 아니라, 그 한가운데서 살 수 있도록 하신 돌봄이었습니다. 출애굽의 하나님은 방향만 제시하고 앞서 가기만 하시는 분이 아니었습니다. 하나님께서는 그 길 위의 체온과 숨결까지 책임지시는 분이셨습니다.

성경에서 구름과 불은 '하나님의 임재', 곧 세키나(*Shekinah*)로 이해되어 왔습니다. 세키나는 하나님께서 당신의 백성 가운데 거하시며 머무르신다는 의미의 임재 방식입니다. 출애굽 이후 하나님께서는 성막 위에 구름으로 임재하셨습니다. 성경은 "구름이 회막에 덮이고 여호와의 영광이 성막에 충만하매 모세가 회막에 들어갈 수 없었으니"라고 증언합니다(출 40:34~35). 또한 광야의 여정 내내 "구름이 성막 위에 머무는 동안에는 떠나지 아니하고" 밤에는 불 모양으로 나타났다고 전합니다(출 40:36~38). 훗날 솔로몬이 성전을 봉헌할 때에도 동일한 임재가 반복됩니다. "제사장들이 성소에서 나올 때에 구름이 여호와의 성전에 가득하매… 여호와의 영광이 여호와의 성전에 가득함이었더라"(왕상 8:10~11, 대하 5:13~14). 구름과 불은 하나님이 멀리 계신 관념적 신이 아니라, 당신의 백성 한가운데 거하시는 하나님이심을 증언하는 표징이었습니다.

광야길에서 구름기둥과 불기둥, 이 두 가지는 하나님의 임재가 취한 구체적인 형상으로 오늘도 우리 앞에 서 있습니다. 이는 출애굽의

이집트의 신전 기둥은 파피루스 묶음을 상징한다. 이집트인들은 처음 물속으로부터 솟은 땅(Benben)위에서 자란 파피루스들이 하늘을 떠받치고 그 사이에 발생한 공간에서 모든 생물이 번성하게 되었다고 믿는다. 그러나 성경은 세상 모든 생명의 평안은 하나님 은혜의 구름기둥과 불기둥에 의해 가능하다고 가르친다. 사진은 카르낙 신전 현실의 파피루스 기둥들이다.

영적인 길이 인간의 감각이나 계산이 아니라, 하나님의 선도(先導)에 의해 이루어진다는 선언입니다. 이전에 히브리 이스라엘은 바로의 명령과 애굽의 신들, 압제의 시스템에 끌려다니며 살았습니다. 그러나 출애굽 이후 그들은 사랑과 보호가 전제된 하나님의 인도에 이끌립니다. 낮에는 구름의 차양 아래 머물게 하시고, 밤에는 불의 온기 아래 안전하게 거하게 하시는 하나님. 멈춤과 전진의 리듬마저 주관하시는 하나님. 출애굽의 길은 단지 자유를 얻는 길이 아니라, 전혀 새로운 주인의 인도를 받는 삶으로의 전환입니다. 출애굽한 이스라엘 자손은 이전에는 경험하지 못했던 자비와 안전의 동행 속에서 애굽을 떠나고 있습니다.

출애굽의 길에서 드리는 기도

주여! 우리를 당신의 자비의 구름으로 덮으시고,
당신의 보호하시는 불로 우리를 이끄소서.
주여! 세상의 종된 길이 아니라,
주께 인도받는 은혜의 백성의 길로 온전히 걷게 하소서.

홍해 앞 비하히롯

출애굽기 14장 2절
이스라엘 자손에게 명령하여 돌이켜 바다와 믹돌 사이의
비하히롯 앞 곧 바알스본 맞은편 바닷가에 장막을 치게 하라

숙곳을 떠난 이스라엘 자손은 동쪽을 향해 곧장 나아가 에담(Etham)에 이르렀습니다. 에담은 이집트 신왕국 시대 국경 방어선이 시작되는 지점으로, '호루스의 물길(Waterway of Horus)'이라 불린 제국의 경계 앞에 자리한 곳이었습니다. 이 운하는 문명의 이집트와 야만으로 규정된 시나이 사이를 가르는 상징적인 선이었고, 이집트 왕실은 그 앞에 수비대와 감시초소를 촘촘히 배치해 어느 쪽에서도 쉽게 넘나들지 못하게 했습니다. 이스라엘 자손은 비터호수 인근 에담에 이르렀을 때 더 이상 전진할 수 없는 현실과 마주했을 가능성이 큽니다. 이때 이미 바로는 마음을 바꾸었고, 이스라엘이 국경 방어선 앞에서 멈추어 섰다는 소식은 애굽 궁정에도 전해졌을 것입니다. 출애굽기 14장 3절의 "그 땅에서 멀리 떠나 광야에 갇힌 바 되었다 하리라"는 말은, 이 시점에서 이스라엘의 진로가 완전히 막혔음을 암시합니다. 그래서 그들은 '돌이켜야' 했습니다. 직진이 아닌 회전, 전진

이 아닌 후퇴처럼 보이는 선택이었습니다.

그렇게 돌이켜 향한 곳이 비하히롯(Pihahiroth)입니다. 비하히롯은 문자 그대로 '물길의 어귀', 곧 바다가 수로로 이어지는 지점을 뜻합니다. 많은 연구자들은 이곳을 팀사호수와 발라호수 사이, 호루스의 물길 입구로 정해 왔지만, 출애굽기 서술의 흐름은 우리를 더 아래로 이끕니다. 출애굽기 14장은 이 사건의 무대를 분명히 '홍해 앞'으로 고정합니다. 따라서 비하히롯은 단순한 호수 주변이 아니라, 홍해로 이어지는 운하의 어귀, 바다와 육지가 맞닿는 전략적 병목 지점으로 읽혀야 합니다. 하나님께서는 의도적으로 이스라엘을 이곳으로 이동시키십니다. 출애굽기 14장 4절에서 하나님은 바로와 그의 군대를 통해 당신의 영광을 드러내시겠다고 선언하십니다. 이스라엘의 이동 경로는 우연이 아니라, 애굽 제국의 군사 논리를 정면으로 끌어들이는 하나님의 배치였습니다. 비하히롯은 도망자의 막다른 골목이 아니라, 하나님의 승부수가 펼쳐질 무대였습니다.

이 장면의 핵심은 '돌이키다'입니다. 이것은 단순한 방향 전환이 아닙니다. 히브리 성경 전체에서 '돌이키다'(*shub*)는 삶의 축이 이동하는 사건을 가리킵니다. 하나님께서 이스라엘을 에담에서 비하히롯으로 돌이키신 것은, 그들을 일부러 궁지로 몰아넣기 위함이 아니라, 그들이 의지하던 계산과 가능성의 길을 끊고 하나님 구원의 길 위에 세우기 위함이었습니다. 이 돌이킴 앞에서 이스라엘은 더 이상 자기 판단만으로 살아갈 수 없게 됩니다. 바다는 앞을 막고, 애굽의 군대는 뒤쫓아옵니다. 그리고 바로 이 지점에서 인간의 길은 끝나고 하나님의 길이 시작됩니다. 성경이 말하는 돌이킴은 언제나 은혜의 방향을

출애굽기 14장 2절의 비하히롯은 오늘날 팀사 호수변 이스말리아 일대일 것으로 추정된다. 그러나 팀사 호수는 지나치게 작고 얕은 호수이다. 하나님의 그 크신 역사는 아무래도 이곳이 아니라 거대한 홍해가 호루스의 물길과 만나는 인근 어디였을 것으로 보인다. 사진은 고대 호루스의 물길로 추정되는 현재 수에즈 만으로부터 비터호수로 들어가는 수에즈 운하 입구이다.

향합니다. 막다른 골목은 실패의 증거가 아니라, 하나님의 개입이 시작되는 자리입니다.

출애굽의 길은 언제나 이 '돌이킴'을 요구합니다. 대속의 은혜를 경험한 이후에도 우리는 여전히 애굽식 삶의 방식, 곧 계획과 계산, 자기 확신과 속도에 기대어 살고자 합니다. 그러나 하나님은 우리를 종종 비하히롯으로 이끄십니다. 더 이상 나아갈 수도, 돌아갈 수도 없는 자리에서 하나님의 방식으로 전환하라고 부르십니다. 베드로가 그물을 버리고 예수의 부르심 앞에 섰을 때도, 바울이 다메섹으로 가는 길에서 예수님을 만났을 때도 돌이킴의 역사가 있었습니다. 그것은 빠른 이해나 계산, 판단으로 이어지는 길이 아니라 믿음과 순종의 선택이었습니다. 출애굽의 길은 효율적인 직선이 아니라, 영적인 전환의 여정입니다. 하나님을 따른다는 것은 언제나 '내 길에서 하나님의 길로' 방향을 바꾸는 결단 위에 서는 일입니다.

출애굽의 길에서 드리는 기도

주여! 막다른 골목처럼 보이는 자리에서도
주의 길이 열리고 있음을 믿게 하소서.
내 계산을 내려놓고 주의 구원하시는 방향으로
기꺼이 돌이키는 용기를 주소서.

홍해를 건너다

출애굽기 14장 30절
그 날에 여호와께서 이같이 이스라엘을 애굽 사람의 손에서 구원하시매
이스라엘이 바닷가에서 애굽 사람들이 죽어 있는 것을 보았더라

성경이 말하는 '홍해'는 얕은 습지나 쉽게 건널 수 있는 작은 호수나 연못이 아니라, 고대로부터 사람들이 분명하게 인식해 온 큰 바다입니다. 오늘날 홍해(Red Sea)는 아프리카와 아라비아 반도를 가르는 길이 약 2,200km에 이르는 거대한 해역으로, 평균 수심은 약 500m, 깊은 곳은 2,000m가 넘는 큰 바다입니다. 출애굽 전통에서 오래도록 기억되어 온 도하 지점은 홍해 북서단, 수에즈 만(Gulf of Suez) 입구 인근입니다. 이곳은 폭이 평균 20~30km에 이르고, 수심 또한 40~50m에 달합니다. 오늘날 수에즈 운하가 시작되는 이 지점은 고대에도 이미 '바다에서 수로로 이어지는 문턱' 혹은 육로에서 바다로 막다르는 곳으로 인식되던 장소였습니다. 결국 이스라엘 자손은 광야의 끝자락에서 더 이상 갈 수 없는 거대한 바다와 마주하게 됩니다. 그곳에는 사막의 길이 연장될 여지도 없었고, 그들 앞에 놓인 바다는 누구나 건널 수 있는 얕은 연못이 아니었습니다. 이스라엘 앞에 서 있던 것은 분명히 대양의 벽이었습니다.

흥미롭게도 성경은 이 바다를 두 가지 이름으로 기억합니다. 히브리어 성경은 이를 '갈대 바다'(*Yam Suph*, reed sea)라 부릅니다. 반면 히브리어 성경을 헬라어로 번역한 70인역은 이곳을 '붉은 바다'(*Erythra Thalassa*, red sea), 곧 '홍해'로 옮깁니다. 히브리어 표현은 사전적으로 갈대가 자라는 물가를 연상시키기에, 히브리어 성경 언어를 연구하는 학자들 가운데는 이 갈대바다를 홍해가 아닌 인근의 호수나 습지로 설정하려는 시도가 있었습니다. 여기에 더해 현대 과학적 연구는 도하 지점을 비터 호수(Lake Bitter)나 팀사 호수(Lake Timsah) 일대로 추정하며, 계절풍과 바람에 의해 얕은 수역의 물이 갈라졌을 가능성을 설명하려 합니다. 그러나 헬라어 성경을 번역한 고대 유대 지식인들은 이 사건을 그러한 작은 물길의 이야기로 축소하지 않았습니다. 그들은 홍해 도하 장면을 조상들이 경험한 대해(大海)의 사건, 곧 하나님의 구원이 드러난 거대한 바다의 역사로 읽었습니다.

여기에는 분명한 간극이 존재합니다. 역사와 과학은 '갈대바다'를 말하고, 신학과 신앙은 '홍해'를 말합니다. 하나는 설명 가능한 영역 안으로 사건을 수렴하려 하고, 다른 하나는 설명을 넘어서는 하나님의 주권적 행위를 증언합니다. 오늘 출애굽의 길 묵상은 이 갈림길에서 주저하지 않고 홍해를 선택합니다. 출애굽은 우연이 겹쳐 일어난 탈출이 아니라, 하나님께서 계획하시고 주도하신 구원의 역사이기 때문입니다. 바다가 크면 클수록, 길이 완전히 막히면 막힐수록, 그 바다를 가르신 분이 하나님이심은 더욱 분명해집니다. 이 선택적인 성경 읽기는 자의적 해석이 아니라, 하나님의 위대하심을 온전히 드러내기 위한 신앙의 판단입니다.

고대 지형의 연구에 의하면 수에즈만과 지중해 사이에는 나일강물이 범람해 형성된 비터호수와 팀사 호수, 그리고 발라 호수가 있었다. 현재 비터호수는 수에즈 운하의 일부로 그대로 남았고, 팀사 호수는 아주 작은 호수로 변해 있으며, 발라호수는 습지가 되어 사라졌다. 사진은 일부 학자들이 실제 홍해 도하의 현장이었을 것이라고 여기는 비터호수 주변의 풍경이다.

결국 출애굽의 길은 이스라엘 자손의 홍해 건너기를 하나님 은혜의 역사로 고백합니다. 이스라엘 자손은 스스로 해결할 수 없는 진퇴양난의 자리에서 하나님의 구원을 경험했습니다. 그들은 애굽에 속해 살던 노예의 삶에서 벗어나, 광야에서 하나님께 속한 백성으로 건너갑니다. 홍해는 단순한 지리적 경계가 아니라, 삶의 질서와 세계관이 바뀌는 존재론적 문턱입니다. 홍해를 건너는 사건은 세상에 속해 살던 이들이 하나님께 속한 삶으로 이동하는 구원의 관문입니다. 이 바다를 건너지 않고서는 여전히 애굽의 견고하고 교만한 세속의 논리 안에 머무를 뿐이며, 진정 출애굽의 길에 들어섰다고 말할 수 없습니다. 불가능해 보이던 홍해를 건넌 사건은 구원을 관념으로만 아는 차원을 넘어, 몸으로, 역사로, 삶으로 통과한 극적인 경험이 됩니다. 출애굽의 길 '홍해'는 우리가 한계로 마주한 자리, 끝이라 여기며 탄식하는 그 드넓은 바다 앞에서 하나님이 여시는 새로운 시작입니다.

출애굽의 길에서 드리는 기도

주여! 우리 앞에 놓인 바다를 두려움이 아니라
믿음으로 바라보게 하소서.
되돌아갈 애굽이 아니라,
건너가야 할 하나님의 길을 선택하게 하소서.

미리암의 노래

출애굽기 15장 21절
미리암이 그들에게 화답하여 이르되 너희는 여호와를 찬송하라
그는 높고 영화로우심이요 말과 그 탄 자를 바다에 던지셨음이로다 하였더라

홍해 도하라는 하나님의 놀라운 사건이 마침내 끝났습니다. 바다가 닫히고 물이 다시 제자리를 찾았습니다. 모든 것이 아무 일도 없다는 듯 고요해 진 때, 성경은 이스라엘, 그들 안에서 일어난 변화를 조용히 기록합니다. "이스라엘이 여호와께서 애굽 사람들에게 행하신 그 큰 능력을 보았으므로 백성이 여호와를 경외하며 여호와와 그의 종 모세를 믿었더라"(출 14:31). 출애굽은 단순한 탈출이 아니라, 신뢰의 방향이 근본적으로 전환된 사건이었습니다. 애굽의 권세와 병거를 두려워하며 불안과 불평을 쏟아내던 백성은, 이제 보이지 않으나 살아 계신 하나님을 경외하기 시작합니다. 원망의 자리에 경외가 들어섰고, 두려움의 자리에 순종의 결단이 자리 잡았습니다. 홍해는 물의 경계선이었을 뿐 아니라, 두려움에서 신뢰로 넘어가는 신앙의 경계선이었습니다.

이 변화의 절정에서 터져 나온 것이 모세의 노래였습니다. 그는

"내가 여호와를 찬송하리니 그는 높고 영화로우심이요 말과 그 탄 자를 바다에 던지셨음이로다"라며 노래를 시작합니다(출 15:1). 그런데 모세의 노래는 그저 그런 개인의 감상이 아닙니다. 모세는 그가 겪은 놀라운 일들을 기억으로 정리하고 신앙 고백으로 끌어올렸습니다. "여호와는 용사시니 여호와는 그의 이름이시로다"(출 15:3). 이스라엘은 더 이상 하나님을 추상적인 개념으로 알지 않았습니다. 그들은 하나님을 '싸우시는 분', '구원하시는 분', '자기 백성을 위해 직접 개입하시는 분'으로 경험했습니다. 바다가 갈라진 것은 설명 가능한 자연 현상이 아니라, 하나님이 누구신지를 몸으로 배운 사건이었습니다. 그래서 이 노래는 사건을 해설하는 기록이 아니라, 전능하신 하나님, 크고 놀라운 일을 이루신 하나님께 드리는 신앙의 곡조 있는 고백이 됩니다. 하나님은 강하신 분이며, 그 강함은 백성을 멸하는 힘이 아니라 살리는 능력이라는 고백입니다.

흥미롭게도 출애굽기 15장은 모세의 노래로 끝나지 않습니다. 그 노래에 응답하듯 미리암이 앞으로 나섭니다. 그녀는 손에 소고를 들고 여인들을 이끌며 화답의 노래를 부릅니다. "너희는 여호와를 찬송하라 그는 높고 영화로우심이요 말과 그 탄 자를 바다에 던지셨음이로다"(출 15:21). 미리암의 노래는 신앙이 한 지도자의 고백에 머무르지 않고 공동체 전체로 확산되고 있음을 보여 주는 장면입니다. 홍해 사건은 각자의 눈과 몸으로 체득한 개별의 경험이었지만, 미리암의 노래를 통해 그것은 공동의 기억, 공동의 언어로 재구성됩니다. 남녀와 세대를 넘어, 지도자와 백성이 함께 같은 이야기를 노래하는 순간이었습니다. 이때 이스라엘은 비로소 '같은 구원의 기억을 공유하는

홍해 수에즈 운하가 시작되는 입구 인근에서 바라보는 반대편 시나이반도는 한 눈에도 척박한 땅으로 보인다. 하나님께서는 여기 애굽 땅으로부터 홍해를 건너게 하신 후 시나이 반도의 저 광야 땅으로 당신의 백성을 인도하셨다.

공동체', 곧 신앙 공동체로 형성되기 시작합니다. 구원은 개인에게 주어지지만, 신앙은 언제나 공동체 안에서 자라납니다.

출애굽의 길에서 모세와 미리암, 이스라엘의 노래 장면은 분명한 교훈을 남깁니다. 하나님이 행하신 일을 각자 마음속에만 간직하면, 그 경험은 시간이 지나며 쉽게 흩어지고 맙니다. 그러나 그 은혜를 공동의 기억으로 언어화하고, 노래와 예배로 함께 나눌 때, 그 경험은 공동체의 자산이 됩니다. 함께 건넌 홍해를 함께 노래할 때, 다가올 광야는 그 공포스런 힘을 잃고, 앞으로 나아갈 가나안을 향한 길은 담대함으로 밝혀집니다. 오늘 우리의 교회와 신앙 공동체도 다르지 않습니다. 신앙이 개인의 체험을 넘어 공동의 고백과 예배로 이어질 때, 우리는 길을 잃지 않습니다. 출애굽의 길은 혼자만의 구원의 길이 아니라, 함께 노래하며 끝까지 걸어가는 예배의 길입니다.

출애굽의 길에서 드리는 기도

주여! 우리가 건넌 은혜의 자리를
혼자의 기억으로 남기지 않게 하소서.
함께 노래하고 함께 예배하며,
공동의 신앙으로 끝까지 걸어가게 하소서.

Forty day Meditations for Spiritual Pilgrims

하나님을 알고 배우는 길

Forty day Meditations for Spiritual Pilgrims

하나님을 알고 배우는 길

광야, 그 거대한 벽

출애굽기 15장 22절
모세가 홍해에서 이스라엘을 인도하매 그들이 나와서
수르 광야로 들어가서 거기서 사흘길을 걸었으나 물을 얻지 못하고

홍해를 건넌 직후 이스라엘이 들어선 수르 광야(Wilderness of Shur)는 시나이 반도 북서부에 펼쳐진 광범위한 건조 지대입니다. 이 지역은 홍해 서안과 시나이 반도 내륙을 잇는 완충 지대로, 고대의 주요 교통로에서 벗어난 변방이자 군사적·상업적으로도 의도적으로 비워진 공간이었습니다. 연강수량은 극히 적고, 지표수는 거의 존재하지 않으며, 우물과 샘 역시 계절에 따라 불안정했습니다. 이집트 신왕국 시대의 파라오들은 이 광야를 하나의 자연 방벽처럼 활용했습니다. 이 거대한 들판을 경계로 삼아, 그들 문명의 세계와 낯설고 불안한 아시아의 세상을 구분했던 것입니다. 낮에는 태양이 대지를 달구고 밤에는 급격한 기온 하강이 찾아오는 극단적 환경 속에서, '사흘길'은 단순한 거리의 문제가 아니라 생존의 한계선을 뜻합니다. 이곳은 해방의 여운이 사라지고, 냉엄한 현실의 조건이 몸으로 밀려오는 첫 무대였습니다.

‘수르’(Shur)라는 이름은 그 자체로 ‘벽’을 뜻합니다. 자유인이 된 이스라엘에게 이 광야는 그저 길이 아니라 거대한 담벼락처럼 다가왔습니다. 애굽을 벗어났지만, 그 자유는 여유롭고 한가한 길을 열어 주지 않았습니다. 앞에는 물 없는 광야가 펼쳐져 있고, 뒤에는 더 이상 돌아갈 수 없는 바다가 가로막고 있었습니다. 그들이 얻은 자유는 낭만적인 선택지의 확장이 아니라, 오히려 압박하는 결단의 순간을 만들어 냅니다. 이러한 ‘벽’과 같은 광야의 성격은 오래전 이야기 속에서도 이미 증언됩니다. 하갈은 사라를 피해 도망하다가 바로 이 수르 길에서 멈춰 섭니다. 성경은 “여호와의 사자가 광야의 샘물 곁 곧 술 길 샘 곁에서 그를 만났다”(창세기 16:7)고 기록합니다. 죽음으로 치닫던 하갈의 탈주 앞을, 하나님께서 직접 가로막으신 것입니다. 하갈의 이야기는 수르가 도망의 끝이자 결단의 한계선이었음을 보여주는 실제 증거입니다. 수르는 자유를 꿈꾸는 이들이 반드시 부딪히게 되는 현실의 벽이었습니다.

이스라엘 자손에게도 이 ‘벽’은 곧 심리적 장벽으로 다가왔습니다. 고센 땅에서 종으로 살던 삶에는 분명 억압과 고난이 있었지만, 동시에 예측 가능한 질서와 반복되는 일상이 있었습니다. 누가 명령하면 무엇을 하면 되는지가 분명했습니다. 그러나 자유민이 된 순간, 굳건해 보이던 구조는 사라졌습니다. 이제 무엇을 먹을지, 어디로 갈지, 누가 책임질지를 스스로 결정해야 했습니다. 누군가가 대신 정해 주는 길은 더 이상 존재하지 않았습니다. 그 모든 선택과 책임은 온전히 그들 자신의 몫이 되었습니다. 홍해를 건넌 기쁨을 채 누리기도 전에, 그들에게 주어진 자유는 곧 무겁고 부담스러운 담벼락으로 서 있었습니다. 광야는 그들이 반드시 넘어야 하지만, 선뜻 발을 내딛기

물 많고 모든 것이 넉넉한 고센 땅에 살던 이스라엘 자손에게 시나이 반도의 광야와 산들은 그들을 막아선 커다란 벽과 같은 존재였을 것이다. 이스라엘 자손은 여기 수르 광야와 이어지는 에담 광야 등에서 모든 것이 낯설고, 모든 것이 척박하며, 모든 것이 부족한 '쓰디쓴' 현실을 마주했다. 그들은 광야가 두려웠고 가는 길 내내 고통은 점점 가중되었다.

에는 두려운 현실 그 자체였습니다. 수르는 단지 물이 없는 땅이 아니라, 익숙한 보호 장치가 무너진 자리에서 마주하는 두려움의 벽이었습니다.

출애굽의 길, 유월절과 홍해라는 거대한 구원을 경험한 우리 앞에 놓인 다음 단계는 미묘합니다. 자유의 환희 뒤에는 공허함이 찾아오고, 타율적이었으나 상대적으로 안락했던 과거에 대한 은근한 그리움이 고개를 듭니다. 예수께서 "너희가 내 말에 거하면 참으로 내 제자가 되고 진리를 알지니 진리가 너희를 자유롭게 하리라"(요한복음 8:31~32)고 말씀하신 이유가 바로 여기에 있습니다. 자유는 성취하여 즐기는 승리 축제의 자리가 아니라 축제가 끝나고 나서야 하는 자기 결단의 삶의 여정입니다. 길을 나서는 용기가 필요한 일입니다. 진리의 횃불을 스스로 들고 매 순간을 선택하며 걸어가야 합니다. 수르의 벽은 결국 진리의 등불을 들고 스스로 관통하지 않으면 넘을 수 없습니다. 출애굽의 길은 이 문턱에서, 우리의 자유가 어떤 성격을 지닌 것인지를 분명히 드러냅니다.

출애굽의 길에서 드리는 기도

주여! 자유의 문 앞에서 벽을 만날 때,
과거의 종된 자리로 돌아가지 않게 하소서.
진리 안에 거하며, 벽을 통과의 문으로 바꾸시는
우리 주 하나님만을 신뢰하게 하소서.

필요를 채우시는 하나님

출애굽기 15장 23~24절
마라에 이르렀더니 그 곳 물이 써서
마시지 못하겠으므로 그 이름을 마라라 하였더라
백성이 모세에게 원망하여 이르되 우리가 무엇을 마실까 하매

이스라엘 자손은 거대한 장벽처럼 펼쳐진 수르 광야를 가로질러, 사흘 만에 마침내 샘이 있는 곳에 이르렀습니다. 그러나 그들이 처음으로 마주한 샘은 기대와 실망이 동시에 깃든 자리였습니다. 끝없는 모래와 돌밭을 지나 발견한 시원한 물줄기 앞에서 그들은 기뻐했을 것입니다. 하지만 가까이 다가가 마셔 보니, 그 물은 쓰고 탁하여 쉽게 넘길 수 없는 것이었습니다. 광야를 오가던 유목민이나 상인, 군인들이라면 생존을 위해 그냥 마셨을지도 모릅니다. 그러나 이스라엘 자손에게 그 샘은 낯설고 불편한 것이었습니다. 애굽에서의 삶이 아무리 고되고 억압적이었어도, 그들은 맑은 물과 포도주가 일상이던 세계에 익숙해 있었습니다. 그 기억은 광야의 현실을 더욱 쓰게 만들었고, 결국 그들은 그 샘의 이름을 '마라'라 부르며 그들을 인도한 모세에게 원망을 쏟아냅니다.

'마라'(Mara)라는 말은 단순히 '맛이 쓰다'는 감각적 표현을 넘어

섭니다. 그것은 광야길을 견디기 어려운 현실로 받아들이는 이스라엘 자손의 마음 상태를 함께 담고 있습니다. 그들은 하나님의 구원을 찬양한 지 채 며칠도 되지 않아 다시 원망의 언어로 돌아섭니다. 그때 하나님께서는 쓰디쓴 물을 나무 한 그루로 마실 만한 물이 되게 하십니다. 그러나 이 사건의 핵심은 샘물의 화학적 변화에 있지 않습니다. 하나님께서 손대신 것은 물이기 이전에, 광야를 바라보는 그들의 마음이었습니다. 하나님께서는 광야를 결핍과 불편의 공간으로만 규정하는 시선을 거두게 하시고, 그 마음을 당신과 동행하는 방향으로 돌이키십니다. 쓰고 달다는 것은 감각의 문제가 아니라, 누구와 함께 이 길을 걷고 있는가의 문제임을 가르치시는 장면입니다.

이스라엘 자손은 애굽을 벗어나 얼마 지나지 않아 맞닥뜨린 자유의 광야를 '마라'라 규정하며 견디지 못합니다. 그들의 모습은 모압 땅에서의 삶도, 베들레헴으로 돌아온 이후의 삶도 모두 '마라'라 불렀던 나오미의 마음과 닮아 있습니다(룻 1:20~21). "나를 나오미라 부르지 말고 마라라 부르라." 그녀의 고백처럼, 이스라엘 역시 유월절과 홍해의 구원 이후에 마주한 현실을 쓰디쓴 것으로 받아들입니다. 기대했던 구원은 생각보다 거칠고 척박했고, 삶은 여전히 부족하고 불편했습니다. 그래서 그들은 불평하고 원망합니다. 그러나 하나님께서는 그들의 마음을 불편해하시거나 외면하지 않으십니다. 오히려 그 안에 남아 있던 애굽의 독기, 비교와 불신의 잔재를 드러내시고, 은혜와 순종으로 다시 빚으십니다. 광야는 고통의 통각으로 가득한 공간이 아니라, 구원받아 자유케 된 사람이 순종을 배워 가는 자리입니다.

수르 광야는 시나이 광야의 관문과 같은 곳이었다. 이스라엘 자손은 이 수르 광야를 사흘 길 걸어 오아시스에 도착했는데, 그곳의 물은 써서 마실 수가 없었다. 마실 수가 없었다기보다 고센에서 단물만 마시던 이스라엘 자손이 마시기에는 어려운 물이었을 것이다. 마라의 샘이라 일컬어지는 와디 하와라(Wadi Hawara)는 오늘날도 쓰고 짠물로 유명하다.

출애굽의 길을 걷는 모든 구원받은 성도 역시 이 광야를 지나갑니다. 애굽과 같던 과거 세상 속 삶과 비교하면, 구원받은 현재의 길은 불편하고 부당하며 늘 부족해 보입니다. 그래서 우리는 쉽게 이 여정을 '마라'의 마음으로 채워 버립니다. 그러나 하나님께서는 우리의 그 쓰디쓴 마음을 포기하지 않으십니다. 원망 속에서도 우리를 붙드셔서, 부정의 시선을 거두고 믿음의 방향으로 돌이키십니다. 원망의 마음을 내려놓게 하시고 구원받은 사람의 기쁨이 길을 열어 주십니다. 광야가 달라지는 것이 아니라, 광야를 걷는 우리의 마음이 달라질 때 그 길은 생명의 길로 열립니다. 필요를 채우시는 하나님은, 언제나 상황보다 먼저 우리의 마음을 고치시는 분이십니다.

출애굽의 길에서 드리는 기도

주여! 광야를 마라로 규정하며 불평하던
연약한 우리의 마음을 살피시고,
당신과 동행하는 믿음의 기쁜 길로
우리를 돌이켜 회복시켜 주소서.

안식하게 하시는 하나님

출애굽기 15장 27절
그들이 엘림에 이르니 거기에 물 샘 열둘과 종려나무
일흔 그루가 있는지라 거기서 그들이 그 물 곁에 장막을 치니라

엘림은 출애굽 여정 속에서 가장 평화로운 이름 가운데 하나이지만, 그 정확한 위치는 명확하지 않습니다. 전통적으로는 마라로 알려진 와디 하와라(Wadi Hawara)에서 도보로 두 세 시간가량 떨어진 와디 가란델(Wadi Gharandel)이 엘림의 후보지로 자주 거론됩니다. 이 밖에도 와디 우세이트(Wadi Useit)나 와디 타이이바(Wadi Tayyibah) 같은 지점들이 제시되어 왔습니다. 그중에서도 와디 가란델은 물이 풍부하고 종려나무가 무성한 전형적인 오아시스로, 엘림의 이미지와 잘 어울리는 곳입니다. 그러나 이 모든 논의는 순례 전통과 지형적 연속성에 근거한 추정일 뿐, 엘림의 위치를 단정할 수는 없습니다. 오히려 성경은 지리적 좌표보다 의미를 강조합니다. 엘림은 하나님께서 이스라엘을 "안식하게 하신 곳"으로 기억되기를 원하신 자리였습니다. 엘림은 수르 광야에서 신 광야로 이어지는 가장 거칠고 메마른 길목 어딘가에 놓인, 뜻밖의 쉼터였을 것입니다.

'엘림(Elim)'이라는 이름은 큰 나무들, 곧 상수리나무나 종려나무가 무리를 이루는 장소를 가리킵니다. 사막에서 나무가 크다는 것은 그 뿌리 아래 물이 풍성하다는 뜻입니다. 그래서 출애굽기는 엘림에 샘이 열둘, 종려나무가 일흔 그루 있었다고 기록합니다. 이 숫자는 우연이 아닙니다. 열두 샘은 열두 지파를, 일흔 그루의 나무는 이스라엘 공동체를 대표하는 장로들을 자연스럽게 떠올리게 합니다. 그렇다고 이 숫자에 억지스러운 알레고리를 덧붙이려는 것은 아닙니다. 이 기록은 엘림이 작은 쉼터가 아니라, 이스라엘 자손 모두를 품을 만큼 넉넉한 오아시스였다는 사실을 보여 줍니다. 엘림은 일부만을 위한 쉼의 공간이 아니라, 출애굽 공동체 전체가 함께 숨을 고를 수 있는 자리였습니다. 하나님께서는 광야 한가운데서도 공동체 전체를 살리는 질서를 준비하셨습니다.

엘림은 출애굽 여정 가운데 분명 '쉬기 좋은 곳'이었습니다. 하나님께서는 광야의 불편함 앞에서 지쳐 있던 이스라엘 자손을 외면하지 않으셨습니다. 장정만 육십만에 이르는 거대한 공동체가 함께 머물 수 있는 쉼의 장소를 허락하셨습니다. 그러나 엘림은 목적지가 아니었습니다. 그곳은 머물러 안주할 자리가 아니라, 다시 길을 떠나기 위한 자리였습니다. 하나님께서는 안식을 허락하셨지만, 그 안식을 영구적인 거처로 고정시키지는 않으셨습니다. 출애굽의 길은 여전히 앞으로 열려 있었기 때문입니다.

출애굽의 길에서 하나님께서는 당신의 백성에게 쉼의 은혜를 허락하십니다. 그러나 그 안식은 결코 최종 목적지가 될 수 없습니다. 사실 엘림은 그 자체로 출애굽 길의 대체 목적지가 되기에 충분해 보

광야와 사막에 쓰고 짠 물만 있는 것은 아니다. 곳에 따라서는 암반 깊은 곳에서 터져 나오는 맑고 시원한 물이 오아시스를 이룬 곳도 있다. 성경의 엘림은 바로 그런 곳이었을 것이다. 사진은 이집트 사막 지대의 전형적인 오아시스 풍경이다. 맑은 물이 샘을 이루는 이곳에는 야자수가 자라고 여러 동식물들이 깃들어 휴식하기도 하고 생존을 위한 수분을 얻기도 한다.

이는 곳이었습니다. "이 정도면 애굽을 떠나온 모두가 살 만하지 않은가?"라고 말하고 싶어질 자리였습니다. 이는 변화산에서 베드로가

"주님, 여기가 좋사오니 초막을 짓겠습니다"라고 말한 장면과 닮아 있습니다(마 17:4, 막 9:5, 눅 9:33). 그러나 참 이스라엘이신 예수님께서는 그 산에 머물지 않으셨습니다. 그분 앞에는 십자가라는 최종 목적지가 기다리고 있었기 때문입니다. 비슷한 장면은 훗날 이스라엘 자손이 가나안에 이르기 전, 길르앗 땅에서도 반복됩니다. 르우벤 지파와 갓 지파, 그리고 므낫세 반 지파는 "우리를 요단강을 건너게 하지 말고 이 땅을 소유로 달라"고 요청했습니다(민 32:1~5). 잠시 머무는 안락함은 우리를 살릴 수 있습니다. 그러나 그 안락함이 구원의 최종 목적지를 대신할 수는 없습니다. 엘림은 출애굽 길 위에 주어진 쉼의 자리이지, 출애굽한 하나님의 백성이 머물 종착지는 아닙니다. 우리는 다시 길을 떠나야 할 사람들입니다.

출애굽의 길에서 드리는 기도

광야 길 한가운데 쉼의 자리를 허락하신 주여!
잠시의 안식에 매몰되지 않게 하시고
주어진 구원의 목적지를 향하는
그 은혜로운 길에서 벗어나지 않게 하소서.

일용할 양식의 하나님

출애굽기 16장 35절
사람이 사는 땅에 이르기까지 이스라엘 자손이 사십 년 동안
만나를 먹었으니 곧 가나안 땅 접경에 이르기까지 그들이 만나를 먹었더라

출애굽한 지 약 한 달 반이 지났을 무렵, 이스라엘 자손은 시나이 반도 깊숙한 신 광야(Wilderness of Sin)에 이르렀습니다. 홍해를 건너는 기적의 여운은 점차 사라지고, 애굽에서 가져온 양식은 마침내 바닥을 드러냈습니다. 신 광야는 길이 이어지는 곳이 아니라, 길이 사라지는 곳이었습니다. 물과 풀과 그늘이 드문 이 땅에서 생존은 더 이상 계산으로 해결되지 않았습니다. 광야의 현실이 선명해질수록 이스라엘 자손 사이에는 다시 원망이 고개를 들었습니다. 그들은 종살이의 고통은 잊고, 그저 주는 대로 "잘 먹던" 애굽의 기억만을 불러냅니다. 억압의 체제였음에도 불구하고 배고픔의 걱정은 없었던 과거는, 불평 속에서 미화되었습니다. 광야는 이렇게 인간의 기억을 시험하는 자리였습니다. 자유는 불안을 동반했고, 믿음은 결핍 앞에서 흔들렸습니다.

그 불평의 한가운데에서 하나님께서는 다시 응답하십니다. 하나님

께서는 당신의 백성이 아직 광야 삶의 훈련을 필요로 함을 아시고, 스스로 양식의 공급자가 되십니다. 그렇게 하늘에는 만나와 메추라기가 내렸습니다. 신 광야의 하늘에서 내려온 것은 웅장한 잔치가 아니라, 이슬과 함께 내린 작고 둥근 알갱이였습니다. 성경은 그것을 만나(Manna)라 부르지만, 그 이름 자체는 질문이었습니다. "만후" 즉, 이것이 무엇이냐라고 묻는 말입니다(출 16:15). 백성은 그것을 바라보고 집어 들며 당혹 가운데 질문했고, 그 질문은 그대로 양식의 이름이 되었습니다. 이해되지 않는 은혜, 설명되지 않는 공급이 그들의 생존을 붙들었습니다. 일하지 못한 날에도, 불평으로 가득 찬 날에도, 불순종이 섞인 하루에도 만나는 변함없이 내려왔습니다. 하나님께서는 이 만나를 하루도 거르지 않고 사십 년 동안 내리셨습니다. 하나님은 당신을 시험하는 백성에게조차 일용할 양식을 끊지 않으셨습니다.

만나의 핵심은 하나님 백성의 삶의 필요가 누구에게서 오는지를 배우는 훈련이었습니다. 광야의 만나는 하루를 버티기 위한 임시 방편이 아니라, 일상의 필요들이 세상의 지배 시스템이 아니라 하나님께로부터 주어진다는 사실을 몸으로 익히는 과정이었습니다. 그래서 만나는 그날에 족한 양식이었고, 내일의 몫을 오늘 쌓아두려 하면 썩어버렸습니다. 광야에서의 생존은 계산이나 비축의 문제가 아니라, 하나님의 신실하심을 신뢰하는 문제였습니다. 특히 안식일을 구분하신 방식은 분명했습니다. 여섯째 날에는 두 배를 거두게 하시고, 일곱째 날에는 거두지 않게 하심으로, 하나님께서는 당신 백성의 일상의 시간, 그리고 삶의 질서를 새롭게 구성하셨습니다. 만나는 은혜였지만, 동시에 하나님 나라 백성으로 사는 법을 배우는 훈련이었습니다.

시나이 반도는 그야말로 척박한 사막과 광야의 땅이다. 반도 대부분이 해들리 기후군에 속하는 곳이어서 적도에서 상승했던 기류가 하강하면서 수증기를 흡수하고 구름이 형성되기 어려운 조건을 형성한다. 특히나 높은 시내산 군은 홍해로부터 습기가 유입되는 것을 막아 시나이반도가 더욱 건조해지도록 만든다. 사진은 시내산 북동편 레드 벨리로 불리는 땅이다.

출애굽 이후 이스라엘을 먹여 살린 것은 애굽이나 세상의 공급 시스템이 아니었습니다. 그들은 더 이상 노역의 대가로 생존을 보장받는 존재가 아니었습니다. 하나님께서는 만나와 메추라기를 통해 당신의 백성을 세상의 경제 질서에서 떼어내어, 하나님의 신실하심에 의존하는 삶으로 재사회화(resocialization)하셨습니다. 광야는 결핍의 공간이 아니라, 공급의 주체가 바뀌는 공간이었습니다. 삶의 필요를 스스로 확보해야 한다는 강박에서 벗어나, 먹고 사는 모든 근간을 하나님께 맡기는 자리였습니다. 그래서 예수님께서는 광야 시험 한복판에서 이렇게 선언하셨습니다. “사람이 떡으로만 살 것이 아니요 하나님의 입으로부터 나오는 모든 말씀으로 살 것이라”(마 4:4). 하나님을 그날그날의 필요를 충족시키는 수단으로 전락시키는 신앙은, 결국 하나님을 시험하는 길로 빠져들게 합니다. 광야의 만나는 세상의 시스템이 아닌 하나님의 입을 통해 나오는 신실한 사랑의 말씀으로 살아가는 법을 배우는 시간입니다.

출애굽의 길에서 드리는 기도

주여! 더도 없고 덜도 없이
오늘의 양식을 족하게 주시는 주님을 신뢰하며,
주님과 주님의 입으로부터 나오는 말씀이
내 삶의 근간임을 확신하게 하소서.

광야길 여호와의 샘

출애굽기 17장 7절
그가 그 곳 이름을 맛사 또는 므리바라 불렀으니
이는 이스라엘 자손이 다투었음이요 또는
그들이 여호와를 시험하여 이르기를 여호와께서
우리 중에 계신가 안 계신가 하였음이더라

출애굽기 17장 1절에서 7절의 무대인 르비딤은 신 광야를 지나 시내산 산군 안쪽으로 깊숙이 들어간 지점에 자리한 실제 장소입니다. 많은 연구는 르비딤을 오늘날 시내반도 남서부의 와디 페이란(Wadi Feiran) 일대로 설정합니다. 이곳은 사방이 험준한 산지로 둘러싸인 좁은 계곡 지대로, 안정적인 수원이 거의 없는 곳입니다. 하나님은 이 '물 없는 땅'의 한복판으로 이스라엘 자손을 깊숙이 이끄셨습니다. 그리고 그 절박한 자리에서 당신의 임재를 상징하는 시내산 산군의 한쪽 호렙(Horeb)이라 불리는 곳의 반석을 치게 하심으로 구원받은 백성의 삶의 질서를 흔드셨습니다. 이스라엘 자손은 르비딤에서 다시 한번 거친 광야길을 은혜와 사랑으로 인도하시는 그들의 하나님을 경험하게 됩니다. 르비딤은 결국 하나님의 주도면밀한 인도가 드러나는 전략적 공간이었습니다.

그런데 모세는 하나님의 지시대로 물이 터진 곳 이름을 맛사

(Massah, 시험)와 므리바(Meribah, 다툼)라 불렀습니다. 이 두 이름은 모세의 감상적 기록이라기보다 사건의 신학적 성격을 규정하는 선언입니다. '다툼'은 백성과 지도자 사이의 갈등을 넘어, 하나님과의 관계 균열을 가리킵니다. 더 심각한 것은 '시험'입니다. "여호와께서 우리 중에 계신가?"라는 질문에서 이스라엘 자손은 탄원하는 겸손이 아닌 하나님을 자기들 나름으로 재단하려는 교만으로 하나님께 도전합니다. 이미 홍해를 건넜고, 만나를 먹었으며, 구름기둥과 불기둥의 인도를 경험한 백성이 또다시 하나님의 능력과 동행을 증명하라고 요구합니다. 이것은 믿음의 견고함을 추구하는 질문이 아니라, 신뢰를 유보한 채 자기들 필요만 채우려는 소비적 신앙의 태도입니다. 질문의 방향이 바뀐 순간, 광야는 예배와 훈련의 장소가 아니라 하나님을 피고로 세운 법정이 되어 버립니다.

광야 생활이 길어질수록 이스라엘의 태도는 역설적으로 더 거칠어졌습니다. 하나님의 공급이 반복될수록 신뢰가 깊어지기보다, 요구의 수준이 높아지고 다양해 집니다. 그들은 하나님을 인격적으로 신뢰하기보다, 필요 충족을 위한 대상으로 다루기 시작합니다. 출애굽한 이스라엘 자손 사이에 애굽 사람들의 오만한 종교적 태도의 습관이 돋아나고 있습니다. 그 땅에서 사람들의 기도는 신들을 향한 청구서가 되었고, 신앙은 효용성의 언어로 재편되었습니다. 그 땅 사람들은 신들의 응답이 지연되면 곧바로 의심과 항의가 뒤따르고는 했습니다. 그런데 지금 르비딤의 이스라엘 자손은 바로 그 애굽 사람들의 태도를 재현합니다. 이는 하나님을 섬김의 대상이 아니라, 소비의 대상으로 전락시키는 태도입니다. 광야에서의 '시험'은 하나님의 능력을 의심하는 행위이기보다, 관계를 계약으로 축소시키는 신앙의 왜

출애굽기 17장의 호렙산은 순례자들이 많이 방문하는 시내산과 같은 곳으로 보기 어렵다. 시내산과 르비딤으로 알려진 와디 페이란 사이 거리는 약 40~50킬로미터에 이른다. 결국 여기서 말하는 호렙은 시내산과 같은 산군의 어딘가를 의미하는 것일 수 있겠다. 사진은 새로운 시내산 후보지 가운데 하나로 거론되는 사우디아라비아의 자발 마클라(Jabal Maqla)에 있는 르비딤 반석의 모습이다.

곡입니다.

이런 태도는 이후 우리 신앙인들의 여정에서 꾸준히 계속됩니다. 심지어 예수님의 제자들에게서도 반복됩니다. 제자들은 늘 예수와 함께 있었지만, 결정적인 순간마다 그 길을 이해하지 못했고, 자기 필요가 채워지지 않으면 쉽게 흔들렸습니다. 떡이 없을 때, 폭풍이 몰아칠 때, 십자가가 가까워질 때 그들은 당연하다는 듯 예수님께 물었습니다. "예수님 정말 우리와 함께하십니까?" 출애굽의 이스라엘과 복음서의 제자들은 하나의 거울처럼 서로를 비춥니다. 하나님은 당신 백성들의 궁극의 필요 가운데 서시지만, 인간은 그 하나님의 신실하심을 시험합니다. 출애굽의 길에서 반복적으로 드러나는 이 긴장은 오늘의 묵상에서 중요한 화두가 됩니다. 하나님은 필요를 채우는 분이기 전에 우리 삶의 기반이 되는 분이십니다. 광야의 샘은 점증하는 욕구에 대한 응답이 아니라, 하나님을 신뢰하는 자리로 나오라는 초대입니다.

출애굽의 길에서 드리는 기도

주여! 필요가 채워지지 않을 때마다 주를 의심했던
우리의 불손한 태도를 드러내 주시고
하나님을 시험의 대상이 아니라 신뢰의 대상으로
응답하는 백성의 길로 우리를 끌어 주소서.

앞서 싸우시는 하나님

출애굽기 17장 15~16절
모세가 제단을 쌓고 그 이름을 여호와 닛시라 하고 이르되
여호와께서 맹세하시기를 여호와가 아말렉과 더불어
대대로 싸우리라 하셨다 하였더라

아말렉(Amalek)은 성경 안에서 그 기원이 유난히 독특하게 제시됩니다. 창세기 36장은 아말렉을 이삭의 큰아들 에서의 손자, 곧 엘리바스와 딤나 사이에서 난 아들로 기록합니다(창 36:12, 16). 그래서 아말렉은 이스라엘과 완전히 무관한 타자가 아니라, 족장 아브라함의 계보 바깥 경계에서 태어난 존재, 이스라엘과 친족 관계를 이루는 '그림자'와 같은 모습으로 등장합니다. 역사적으로 아말렉은 가나안 남쪽 네게브(Negev)와 시내 반도 북부의 광야 지대에서 형성된 유목 전사 집단, 혹은 느슨한 연합체였습니다. 그들은 광야의 길목과 샘을 장악하고, 그 길을 지나는 이들을 약탈하며 생계를 유지했습니다. 척박한 광야 환경을 하나님의 은혜 아래서 견디기보다, 그들은 경쟁과 폭력의 논리로 살아갔습니다.

그런 아말렉이 친족 집단인 이스라엘을 약탈의 대상으로 삼아, 자신들의 주거지에서 멀리 떨어진 시내산 자락 르비딤(Rephidim)까지

쫓아 내려왔다는 사실은 매우 의미심장합니다. 이는 우발적인 충돌이 아니라, 계산된 탐욕의 결과였습니다. 결국 하나님은 아말렉의 악함을 르비딤에서의 '한 번의 사건'으로 처리하지 않으십니다. 모세가 세운 제단의 이름, '여호와 닛시'(Jehovah Nissi)는 단일한 전쟁 승리의 기념비가 아니라, 하나님께서 당신의 백성과 함께 감당하실 '장기전'을 선포하는 언약적 선언이었습니다. 신명기 25장 17절에서 18절이 "기억하라"고 강조하는 이유도 여기에 있습니다. 하나님께서는 당신의 백성을 흔드는 악의 패턴을 끝까지 대항하시겠다고 약속하셨습니다. 훗날 에스더서에서 하만이 '아각 사람'으로 묘사되는 흐름까지 함께 읽을 때, 우리는 여호와 닛시라는 선언이 얼마나 장기적이고 분명한 하나님의 의지인지를 보게 됩니다. 아말렉은 한 시대의 적이 아니라, 시대마다 다른 얼굴로 반복되는 하나님 백성 '말살의 기획'입니다. 하나님께서는 그 기획 앞에서 결코 침묵하지 않으십니다.

한편 하나님께서는 르비딤에서의 아말렉과의 전쟁을, 이스라엘 자손의 광야 행진 가운데 결정적인 전환점으로 삼으셨습니다. 이스라엘은 이 자리에서 하나님께서 악과 싸우시는 방식을 처음으로 체득합니다. 출애굽기 17장의 기록에 따르면, 산 아래에는 여호수아와 백성의 실제 전투가 있고, 산 위에는 하나님께 매달린 모세의 들린 손, 곧 중보가 있습니다. 둘 중 하나만으로는 전쟁이 완성되지 않습니다. 하나님은 "기도만 하라"고도, "너희 힘으로만 해결하라"고도 말씀하지 않으십니다. 전투와 중보를 결합하시고, 공동체가 그 리듬을 몸으로 배우게 하십니다. 이것이 광야를 다스리시는 하나님의 섭리의 핵심입니다. 하나님의 백성은 칼을 들되, 승리의 근거를 무력에 두지 않고, 하나님의 임재와 순종에 함께 둡니다. 이 싸움은 아말렉을 넘어, 장차

르비딤은 오늘날 와디 페이란으로 알려진 곳에 위치해 있다. 고대로부터 대상들과 유목민들이 이곳 오아시스에 와서 휴식을 취하고는 했다. 시내산 자락에 내리는 빗물이 이곳 와디 페이란을 통해 흘러 내리기도 한다. 고대로부터 시내산으로 가는 길목으로 알려져 기독교 수도원들이 많이 있었다. 오늘날 여성들만의 성 마리아 수도원이 남아 있다.

맞닥뜨릴 모든 대적과 맞서는 하나님의 백성을 위한 영적 전쟁의 훈련장이 됩니다.

하나님은 오늘도 같은 방식으로 우리를 다루십니다. 우리는 여전히 부족하고, 의심을 반복하며, 뒤늦게 깨닫는 존재들입니다. 그럼에도 하나님께서는 당신의 나라 확장을 위한 군대로 우리를 세우시고, 전열을 갖추게 하시며, 싸워 나아가게 하십니다. 예수님께서는 실패하던 제자들을 끝까지 떠나지 않으셨고, 성령을 주셔서 그들을 증인의 공동체로 세우셨습니다(행 1:8). 베드로의 흔들림에도, 도마의 의심에도, 야고보와 요한의 성급하고 허영된 야망 앞에서도 신실함을 거두지 않으셨습니다. 오히려 그 모든 부족함을 다듬어 교회의 리더십으로 빚어 가셨습니다. 하나님은 앞서 싸우시는 사령관이십니다. 우리의 연약함을 보시고도 당신의 앞서 싸우실 계획을 철회하지 않으시며, 우리의 연약함을 붙들어 하나님의 방식으로 싸우는 사람으로 우리를 빚어 가십니다.

출애굽의 길에서 드리는 기도

주여! 세상이 주는 헛된 두려움 대신
주의 깃발 아래 서게 하소서.
우리의 부족함을 훈련으로 바꾸시고,
하나님 나라를 위한 군대로 우리를 세워 주소서.

시내 광야에 이르다

출애굽기 19장 2절
그들이 르비딤을 떠나 시내 광야에 이르러 그 광야에 장막을 치되
이스라엘이 거기 산 앞에 장막을 치니라

시내 광야(Wilderness of Sinai)는 시나이 반도 남부의 산악 지대 한가운데 놓인 넓은 분지입니다. 오늘날에는 비행장이 들어서고 관광객을 위한 신도시가 조성될 만큼 광활한 공간입니다. 이곳은 낮은 구릉과 암반산들이 겹겹이 둘러싸 자연스러운 원형 극장과 같은 지형을 이루고 있으며, 그 중심에 전통적으로 시내산, 혹은 호렙이라 불리는 산이 우뚝 솟아 있습니다. 특히 산 앞에 펼쳐진 평탄한 들판은 수십만의 인원이 장막을 치고 머물 수 있는 드문 공간이었습니다. 그러나 이 광야는 결코 북적이는 곳이 아니었습니다. 근처에 광산과 채석장이 존재했지만, 고대의 주요 유목로와 교통로에서는 의도적으로 비껴난 장소였습니다. 한마디로 이곳은 '머무르기에는 불편하지만, 집중하기에는 가장 적합한 자리'였습니다. 그래서 시내 광야는 길 위의 쉼터가 아니라, 출애굽의 방향을 굳게 확정하는 현장이 됩니다. 이곳에서 이스라엘은 더 이상 도망자가 아니라, 하나님의 백성이라는 정체성을 분명히 부여받게 될 것입니다.

하나님께서는 시내 광야에 이르기까지 이스라엘 자손을 당신의 신실한 손길로 인도하셨습니다. 홍해에서 시작하여 수르 광야와 마라, 엘림, 신 광야, 그리고 르비딤으로 이어지는 길은 결코 우연의 연결이 아니었습니다. 애굽을 떠나 홍해를 건너고, 마라의 쓴물이 단물이 되었으며, 엘림에서 쉼을 얻고, 신 광야에서 처음 만나와 메추라기를 경험하고, 르비딤에서 반석의 물을 마시기까지, 하나님의 군대로 빚어지는 이 여정은 하나의 방향으로 이끌려 갑니다. 하나님은 즉흥적으로 인도하지 않으셨고, 이스라엘은 무작위로 떠돌지 않았습니다. 구름기둥과 불기둥 아래서 걸어온 길은 마치 정교하게 설계된 커리큘럼처럼 배열된 시간이었습니다. 시내 광야는 그 모든 장면이 수렴되는 지점이며, 하나님께서 "여기까지"가 아니라 "이제부터"를 말씀하시기 위해 준비하신 자리였습니다.

사실, 그 여정은 단편적인 순종으로만 채워지지 않았습니다. 이스라엘 자손은 길 위에서 반복해서 불안해했고, 의심했으며, 원망했고, 불평했습니다. 물이 없을 때는 하나님을 시험했고, 먹을 것이 부족하다고 느낄 때는 애굽을 그리워했습니다. 그들의 문제는 주어진 환경에 대한 단순한 감각적 반응이 아니었습니다. 그것은 기억과 해석의 방식, 곧 여전히 애굽의 언어로 현실을 판단하던 내면의 습관이었습니다. 구원은 받았으나, 해방된 하나님의 백성으로 살아가는 믿음의 시선보다는 당장의 결핍이 더 크게 보였습니다. 시내 광야에 이르기까지 하나님의 은혜와 함께 따라온 것은, 다루어지지 않은 불안과 혼란이었습니다.

마침내 시내 광야에 이르러 이스라엘은 하나님의 광야학교 1차 수

르비딤으로부터 동쪽 시내산 군 안쪽으로 더 들어가면 큰 산들 사이 구비길이 끝나는 지점 시내산 앞에는 너른 들판 엘 라하가 형성되어 있다. 성경의 시내 광야로 알려진 곳이다. 꽤 넓은 들판이어서 오늘날 비행장이 만들어져 있기도 하다. 한때 많은 기독교 수도원과 수도사들의 마을이 있던 이곳에 이집트 정부는 지금 꽤 큰 규모의 관광 도시를 건설하고 있다.

묘식 앞에 서게 됩니다. 산은 하나님의 임재를 상징하는 구름으로 덮였고, 그 아래 광야에는 장막들이 질서 있게 늘어서 있었습니다. 외형은 군대처럼 정렬되었으나, 이스라엘 자손의 내면은 여전히 흔들리고 있었습니다. 하나님께서는 신실한 커리큘럼으로 그들을 여기까지 인도하셨고, 그 여정 속에서 그들은 분명 하나님의 군대로 빚어졌습니다. 그러나 마음 한편에는 여전히 의심과 불안, 걱정과 두려움이 남아 있었습니다. 애굽의 채찍은 사라졌지만, 애굽의 기억과 습관은 아직 떠나지 않았습니다. 하나님 앞에 '자유한 하나님의 백성'으로 담대히 서야 한다는 사실은 기대이면서 동시에 두려움이었습니다. 시내 광야는 영광의 무대이자 긴장의 현장이며, 언약의 선포를 앞두고 인간의 연약함이 가장 선명하게 드러나는 자리였습니다.

출애굽의 길에서 드리는 기도

주여! 우리를 이끄시는 당신의 신실하심을 신뢰하게 하소서.
아직 남아 있는 두려움과 흔들림까지 품으시고,
당신의 백성으로 온전히 세워 주소서.

Forty day Meditations for Spiritual Pilgrims

하나님 백성으로 세움 받은 길

Forty day Meditations for Spiritual Pilgrims

하나님 백성으로 세움 받은 길

거룩한 제사장으로 서다

출애굽기 19장 5~6절
세계가 다 내게 속하였나니 너희가 내 말을 잘 듣고
내 언약을 지키면 너희는 모든 민족 중에서 내 소유가 되겠고
너희가 내게 대하여 제사장 나라가 되며 거룩한 백성이 되리라
너는 이 말을 이스라엘 자손에게 전할지니라

시내산(Mountain Sinai)은 시나이 반도 남부, 평균 해발 2,000미터가 넘는 산악 지대의 중심부에 자리한 산입니다. 이 지역은 고대로부터 '성산(聖山)'으로 인식되어 왔으며, 모세 이후 여러 전통 속에서 중요한 신성 공간으로 기억되었습니다. 오늘날 시내산으로 알려진 산지는 하나의 봉우리가 아니라, 여러 봉우리로 이루어진 산악군(山岳群)입니다. 그중 가장 높은 봉우리는 제벨 카트리나(Jebel Katarina)로, 시나이 반도에서 최고봉에 해당합니다. 그 인근에는 전통적으로 호렙산과 연관되어 이해되어 온 봉우리 라스 사프사페(Ras Safsafeh)가 자리하고 있으며, 그 아래에는 오래된 신앙의 중심지인 카트리나 수도원(St. Catherine's Monastery)이 놓여 있습니다. 그리고 또 하나의 중요한 봉우리가 '모세의 산'이라 불리는 제벨 무사(Jebel Musa)로, 모세가 하나님의 손으로 새겨진 십계명의 돌판을 받았다고 전해지는 장소입니다. 시내산은 단일한 봉우리가 아니라, 하나님의 계시와 인간의 응답이 겹겹이 쌓인 거룩한 산악 공간입니다.

이스라엘 자손은 하나님의 명령을 따라 이 거룩한 산 앞에 모여 섭니다. 그들은 산 위에 임재하시는 하나님과, 여전히 애굽의 질서와 관성 속에 머물러 있는 세상 사이에 서 있습니다. 이 위치는 우연이 아니라 소명입니다. 하나님께서는 그들을 세상과 당신 사이에 세우심으로, 세상을 하나님께 인도하고 하나님의 뜻을 세상에 전하는 사명을 맡기십니다. 이 구도는 신약에서도 반복됩니다. 예수님께서는 산상수훈(山上垂訓)을 시작하시기 전에 산 위에 앉으신 뒤, 제자들을 무리 가운데서 불러내어 당신과 무리 사이에 서게 하셨습니다(마 5:1). 시내산 앞에 선 이스라엘 자손과 동일한 장면입니다. 하나님의 백성은 언제나 하나님과 세상 사이, 은혜의 경륜과 타락한 역사가 맞물리는 긴장된 자리로 부름 받은 존재입니다.

하나님께서는 산 앞에 선 이스라엘에게 분명한 정체성을 부여하십니다. 그 정체성은 세 가지로 선명하게 선언됩니다. 첫째, 그들은 하나님의 소유, 곧 세굴라(*segullah*)입니다. 이는 단순한 소유 개념이 아니라, 특별한 애정과 보호가 담긴 언약적 표현입니다. 구원받은 하나님의 백성은 더 이상 세상에 속한 존재가 아니라, 하나님의 사랑 안에 붙들린 사람들입니다. 둘째, 그들은 '제사장의 나라'(a kingdom of Priest)입니다. 제사장은 하나님과 사람 사이에 서서 중보의 마음으로 섬기는 사명자입니다. 따라서 제사장의 나라로 부름받은 하나님의 백성은 세상 한가운데서 하나님과 사람을 잇는 다리로 세워진 공동체입니다. 셋째, 그들은 '거룩한 백성'(a holy nation)입니다. 이는 세상과 단절된 존재가 아니라, 세상을 하나님께 인도하기 위해 구별된 삶으로 부름받았다는 뜻입니다. 이 모든 선언은 타락하여 하나님에게서 멀어진 세상을 다시 하나님께로 이끄시려는 하나님의 구원

시내산은 시나이반도 남부 거대한 산지에서 단연 돋보이는 봉우리이다. 동편에는 시나이 반도 최고 봉으로 알려진 성 카트리나 봉우리가 있고, 앞쪽에는 고대로부터 현지인들이 호렙산이라고 부르는 붉은 산, 라스 에스 사프사페(Ras es-Safsafeh)가 자리하고 있다. 이 봉우리 아래에 위치한 성 카트리나 수도원을 지나면 모세의 봉우리로 알려진 산에 오를 수 있다.

의지에서 비롯된 것입니다.

출애굽한 이스라엘 자손은 바로 이 시내산에서 비로소 자신들이 누구인지를 분명히 알게 됩니다. 그들은 더 이상 애굽의 종이 아니라, 하나님의 언약 백성이며 제사장의 나라입니다. 사도 베드로가 말한 것처럼, 하나님의 백성은 언제든지, 어디서든지 하나님의 구원 안에서 "택하신 족속이요 왕 같은 제사장"으로 세움받습니다(벧전 2:9). 하나님의 백성은 세상 한가운데서 하나님의 구원과 회복의 은혜를 증언하는 중보자의 사명으로 살아갑니다. 그러므로 시내산은 과거의 성지가 아니라, 오늘도 하나님의 거룩한 백성으로서 우리의 정체성을 묻는 살아 있는 자리입니다.

출애굽의 길에서 드리는 기도

주여! 우리를 세상과 주님 사이
주님의 소유요 제사장의 나라로 세우셨으니
그 부름 받은 정체성에 합당한
사명의 삶으로 오늘을 살게 하소서.

제사장 공동체를 이루다

출애굽기 19장 8절
백성이 일제히 응답하여 이르되 여호와께서 명령하신 대로
우리가 다 행하리이다 모세가 백성의 말을 여호와께 전하매

시내산에서 하나님께서 이스라엘 자손에게 전하신 말씀은 통치자로서의 요구 이전에, 구원받은 백성을 확신 가운데 세우시는 선언이었습니다. 그것은 아직 준비되지 않은 백성을 다그치는 명령이 아니라, 이미 건져 올리신 백성을 향해 주어진 분명한 정체성의 선포였습니다. 하나님께서는 먼저 "너희는 누구인가"를 말씀하셨고, 그 다음에 "어떻게 살 것인가"를 말씀하셨습니다. 이스라엘 자손은 그 선언을 들은 뒤 감정의 고조나 열광적인 반응으로 응답하지 않습니다. 성경은 절제된 문장으로, 백성이 하나의 목소리로 응답하는 장면을 기록합니다. 시내산 앞에서 그들은 자신의 상태를 분석하거나 마음속의 계산과 감정을 나열하지 않습니다. 그들은 먼저 자신들이 누구로 불림 받았는지를 받아들이고, 그 자리에 함께 섭니다. 시내산은 감정이 폭발적으로 표출되는 자리가 아니라, 정체성이 담담하게 받아들여지는 자리였습니다.

“우리가 다 행하리이다”라는 응답은 의심이 완전히 제거된 확신의 언어라기보다, 정체성을 받아들이는 공동체적 결단의 언어입니다. 이스라엘 자손은 여전히 불안했습니다. 개별의 사람들은 광야의 길과 정복해야 할 가나안을 앞두고, 앞으로의 삶이 어떻게 전개될지 염려하고 있었습니다. 출애굽의 놀라운 기적을 경험했지만, 그 기적이 곧 안정된 미래를 보장하지는 않는다는 사실도 알고 있었습니다. 해방된 하나님의 백성으로서 각자가 감당해야 할 과제들이 분명히 놓여 있었습니다. 그럼에도 그들은 이러한 개별의 불안한 마음을 공적 고백의 중심으로 끌어오지 않습니다. 여기서 중요한 것은, 그들이 의심을 느끼지 않았다는 사실이 아니라, 그 의심을 공동체의 공식 언어로 삼지 않았다는 점입니다. 하나님의 선언 앞에서 그들은 “나”가 아니라 “우리”로 말하며, 순종을 개인의 감정이 아니라 공동체의 방향으로 확정합니다. 이는 공동체적 확신이 개별의 마음을 대신 말해 주는 순간이었습니다.

성경은 공동체적 수용과 결단이 하나님의 백성을 세우는 방식임을 반복해서 증언합니다. 아브라함은 개인으로 부름 받았지만, 그의 여정은 자기 내면의 감상에 머무르지 않았습니다. 그의 관심사는 언제나 그로 더불어 시작될 하나님 백성의 수를 헤아릴 수 없는 계보였습니다. 다윗과 솔로몬 등 이스라엘의 선한 왕들 역시, 개별의 의심과 장벽을 공동체 전체의 방향으로 투사하지 않았습니다. 개인의 흔들림은 항상 공동체의 예배와 고백 속에서 하나님 앞에 놓였습니다. 겟세마네 예수 그리스도께서도 자기만의 깊은 고뇌를 자기 보호의 보루로 삼지 않으셨습니다. 예수님께서는 삼위일체 하나님과의 신뢰

사진은 자발 무사(Jabal Musa) 즉, 모세의 봉우리로 알려신 산이다. 이 산에서 모세는 하나님으로부터 계명을 받았다고 알려져 있다. 모세의 봉우리는 지질학적으로 석영 성분이 많아 연한 회갈색과 청회색을 띤다. 반면 모세의 봉우리 정상에서 보이는 타오르는 것 같은 호렙산, 라스 에스 사프사페는 같은 화강암 계열이라도 산화철 성분이 많아 상대적으로 붉게 보인다.

안에서 십자가의 길을 걸으시며 대제사장의 중보적 사명을 온전히 감당하셨습니다. 이제 교회는 그리스도의 순종에 힘입어 '왕 같은 제사장'으로 부름받아, 개인의 신앙을 넘어 세상을 향한 책임을 감당하는 공동체로 서게 됩니다.

출애굽 이후의 여정은 의심과 확신이 끊임없이 교차하는 시간이었습니다. 이전까지는 종종 의심이 확신을 압도했고, 불안이 고백을 잠식했습니다. 그러나 시내산의 선언 이후, 이스라엘 가운데는 새로운 질서가 자리 잡습니다. 개별의 의심이 사라진 것은 아니지만, 그 의심을 품을 수 있을 만큼 견고한 공동체적 확신이 함께 머물게 된 것입니다. 이제 의심은 공동체의 중심을 흔드는 힘이 아니라, 공동체적 확신 안에서 세밀하고 주의 깊게 다뤄져야 할 개인의 과제가 됩니다. 공동체적 수용과 결단은 개인의 혼란을 즉시 해소하지는 못할지라도, 그 혼란이 길을 멈추게 하지 않는 힘이 됩니다. 출애굽의 길은 바로 이 확신 위에서, 의심을 끌어안고도 앞으로 나아가는 하나님 백성의 길입니다.

출애굽의 길에서 드리는 기도

주여! 우리가 개별의 난해한 의심이 아니라,
공동체의 굳건한 고백 위에 서게 하시고
크신 여호와 하나님의 선언이 우리 삶을 압도하여,
끝까지 우리 사명의 길로 나아가게 하소서.

빛된 삶을 위한 지침들

출애굽기 24장 12절
여호와께서 모세에게 이르시되 너는 산에 올라
내게로 와서 거기 있으라 네가 그들을 가르치도록
내가 율법과 계명을 친히 기록한 돌판을 네게 주리라

하나님께서는 시내산 앞에 순종의 마음으로 모인 이스라엘에게 제사장의 나라요 거룩한 백성이라는 비전과 정체성을 먼저 주셨습니다. 그리고 모세를 부르시며 말씀하십니다. “산에 올라 내게로 와서 거기 있으라.” 하나님께서는 이스라엘 공동체에게 부여하신 정체성을 선언으로만 남겨 두지 않으셨습니다. 소위 ‘시내산의 가르침’(the rule of life given at Sinai)을 돌판에 새겨 주시며, 구원받은 백성이 어떤 삶을 살아야 하는지를 분명한 가르침으로 전하셨습니다. 시내산은 신비한 체험의 장소이기 이전에, 하나님의 백성이 삶의 방향과 방식을 구체적으로 세워 가는 자리였습니다.

하나님께서 순종과 결단으로 선 이스라엘 자손에게 주신 시내산의 율법은 하나님을 향한 바른 삶과 이웃을 향한 바른 삶 모두를 포괄합니다. 그것은 애굽에서 익숙해진 세속적 삶의 방식을 내려놓고, 하나님께서 다스리시는 삶의 질서를 새롭게 세우도록 이끄는 지침이었습니다. 그렇다 해도 이 율법은 통제와 억압을 위한 규범이 아니었습니다. 하나님께서는 애굽의 바로가 보여 준 것과 같은 압제의 법을 세워 백성을 억지로 틀 안에 가두지 않으셨습니다. 그것은 오히려 사람을 살리고 공동체를 세우는 생명의 질서였습니다. 하나님께서는 출애굽의 속박을 다른 형태로 계속 이어 가시지도 않으셨고, 자유의 경계와 규범이 사라진 삶으로 방출하지도 않으셨습니다. 출애굽이 단지 애굽에서 벗어난 사건으로만 머문다면, 그 자유는 곧 길을 잃고 말 것입니다. 출애굽으로 얻은 자유 역시 막연한 방종이 아닙니다. 구원받아 해방된 정체성은 종착지가 아니라 참된 지유인으로 살아가는 새로운 삶의 출발입니다. 그래서 하나님께서는 자유한 삶의 지침을 친히 돌판에 기록하십니다. 인간의 욕망이나 권력이 쉽게 바꾸지 못하도록, 하나님의 뜻을 돌처럼 견고하게 백성 앞에 놓으십니다.

결국 십계명 돌판은 법적인 짐이 아니라 애굽적 삶의 대안을 말하는 빛의 안내서입니다. 이 지점에서 우리는 예수님의 산상수훈을 떠올리게 됩니다. 예수님께서는 먼저 제자들에게 "너희는 세상의 소금이요 빛이라"고 선언하신 후, 곧이어 살인과 분노, 간음과 욕망, 맹세와 진실, 보복과 사랑에 이르는 새로운 일곱 가지 삶의 계명을 풀어 주십니다(마 5:17~48). 정체성의 선언 이후에는 언제나 삶의 구체성이 뒤따릅니다. 소금과 빛이라는 고백은 감상으로 머물 수 없고, 산위의 말씀은 평지의 사명으로 내려와야 했습니다. 마찬가지로 시내산의 돌판 역시 광야의 현실을 비추는 실제적인 지침이었습니다. 하나님의 거룩한 백성으로 선다는 것은 한순간의 감격이나 이벤트적 결단이 아니라, 일상의 선택과 태도 속에서 반복되는 순종의 길을 걷는 일입니다. 율법은 차갑지 않습니다. 그것은 하나님의 마음이 새겨

사해사본이 발견되어 유명한 쿰란에는 에세네파 사람들이 정결 예식을 치루기 위해 몸을 씻었던 미크베 터가 남아있다. 이들은 이곳에서 몸을 씻어 정결 예식을 치루고 성경을 필사하며 세상과 분리되어 거룩한 공동체를 이뤄갔다.

진 따뜻한 돌판이며, 오늘도 우리를 빛의 삶으로 이끄는 현실적인 기준입니다.

오늘 우리 역시 사명의 법전을 받기 전, 이스라엘 자손과 같은 모습으로 하나님 앞에 서 있습니다. 신앙은 감동의 시간이나 결단의 이벤트로 유지되지 않습니다. 하나님께서는 예배의 열광적인 순간에만이 아니라, 일상의 선택과 관계, 말과 행동의 모든 자리에서 하나님의 백성으로 살아가기를 원하십니다. 하나님과 함께 행진하며, 그분의 말씀에 귀 기울이고, 구체적이고 바른 실천을 하나씩 채워 갈 때 신앙은 비로소 빛이 됩니다. 말씀을 새긴다는 것은 그 말씀에 따라 살아 보겠다는 결단을 매일의 일상에서 꾸준히 실천하는 일입니다. 그렇게 말씀 순종의 걸음을 내딛는 사람을 통해, 하나님께서는 어두운 광야 같은 세상 한가운데서도 빛을 켜십니다. 그분과 함께 머무는 시간이, 결국 우리를 하나님의 백성으로 단단히 세울 것입니다.

출애굽의 길에서 드리는 기도

주여! 우리를 불러 당신 곁에 머무르게 하시고
말씀 속에서 삶의 길을 배우게 하소서.
율법을 짐이 아닌 빛으로 받아들여
광야 같은 세상 속에서 당신의 백성으로 살게 하소서.

자기들의 하나님을 세우다

출애굽기 32장 4절
아론이 그들의 손에서 금 고리를 받아 부어서 조각칼로 새겨
송아지 형상을 만드니 그들이 말하되 이스라엘아
이는 너희를 애굽 땅에서 인도하여 낸 너희의 신이로다 하는지라

하나님의 백성은 결국 큰 사단을 내고 말았습니다. 시내산에 올라간 모세가 오랫동안 내려오지 않자, 그들은 기다림 대신 자기들이 원하는 방식으로 신상을 만들고 그것을 숭배하기로 결정합니다. 시내산 아래에서 벌어진 금송아지 사건은 갑작스러운 일탈이 아니었습니다. 그것은 오래 축적된 종교적 기억이 표면 위로 떠오른 결과였습니다. 나일강 하류 델타 지역은 힉소스 시절부터 가나안계 신앙과 이집트 종교가 겹겹이 중첩된 공간이었습니다. 그곳에는 가나안의 바알과 닮은 세트-바알(Seth-Baal) 형상의 신상들이 존재했고, 힘과 생명력을 상징하는 아피스(Apis) 송아지나 바알(Baal)을 상징하는 송아지 숭배도 널리 퍼져 있었습니다. 이스라엘 자손은 수 세대에 걸쳐 그러한 형상과 제의를 보며 살아왔을 것입니다. 결국 모세가 산 위에 머무는 시간이 길어지자, 그들은 자기들 마음과 손에 익숙한 신의 형태를 찾았습니다. 기다림의 공백을 견디지 못한 백성은 출애굽의 하나님을 부정하기보다, 자신들이 아는 방식으로 그분을 '형상화'하려 했습니다.

이스라엘을 구원하신 여호와 하나님은 보이지 않는 분으로 자신을 계시하셨습니다. 스스로 밝히신 이름은 들을 수 있었으나 형상은 허락되지 않았고, 음성은 있었으나 얼굴은 감추어졌습니다. 반면 이집트와 고대 근동의 신들은 눈에 보이는 형상으로 자신의 존재를 보증했습니다. 인간의 심리는 여기에 취약합니다. 보이는 것은 즉각적인 확신을 주고, 만질 수 있는 것은 통제 가능하다는 착각을 불러옵니다. 보이지 않는 하나님을 신뢰하는 일은 관계의 문제이지만, 보이는 신을 섬기는 일은 관리의 문제로 전락하기 쉽습니다. 금송아지는 신앙의 대상이기 이전에, 불안을 잠재우기 위한 심리적 안전 장치였습니다.

출애굽 이후 시내산에 이르기까지, 그리고 거룩한 백성으로 살겠다는 언약의 순간에 이르기까지도, 이스라엘 자손의 내면에는 끊임없이 다른 기준이 작동하고 있었습니다. 자기 욕망이 설정한 안전선이었습니다. 그들은 광야의 여정 내내 자기들의 필요를 채우시는 하나님을 경험했습니다. 그러나 그러한 경험은 자신들을 하나님의 인도와 가르침에 맞추기보다, 하나님을 자기 삶의 필요에 맞추려는 경도된 마음을 낳았습니다. 그렇게 그들은 금송아지를 그들의 신으로 만들어 냅니다. 그것은 "우리를 애굽에서 인도하여 낸 신"이라는 고백을 입었지만, 실상은 하나님을 자기 욕망에 맞게 재구성한 결과물이었습니다. 이후의 역사에서도 이스라엘은 반복해서 눈에 보이는 힘과 즉각적인 효율, 풍요를 약속하는 신들을 좇았습니다. 이는 단순한 배교라기보다, 하나님을 신뢰하기보다 하나님을 이용하려는 태도의 문제였습니다.

세상의 억압으로부터 해방된 하나님의 백성에게도 '자기들의 하나

이집트 사람들은 황소의 신 아피스(Apis)를 숭배했다. 아피스는 힘과 생명, 다산, 왕권과 권세를 상징했다. 훗날 헬라시대가 되면 이 아피스가 세라피스(Serapis)가 된다. 이집트 사람들이 신으로 숭배하는 소의 신을 이스라엘 자손이 시내산에서 만든 여호와 하나님을 형상화할 때 유사한 신상의 모습으로 만든 것은 흥미로운 부분이다. 사진은 알렉산드리아 세라피스 신전 유적 지하에 있는 아피스 신상이다.

님을 세우고자 하는 마음'은 쉽게 지워지지 않습니다. 애굽의 오래된 신들이든, 내면의 욕망을 투사한 신들이든, 인간은 늘 자신이 감당할 수 있는 신을 원합니다. 그러나 출애굽 신앙은 하나님을 소유하는 이야기가 아니라, 하나님께 속해 가는 여정입니다. 구원의 은혜를 경험한 이후에도 하나님의 백성은 여전히 이 유혹 앞에서 흔들립니다. 그래서 시내산 아래의 금송아지는 과거의 사건으로 머물지 않고, 오늘 우리의 신앙을 비추는 거울로 남아 있습니다. 우리는 하나님을 기다리는 인내 대신, 하나님을 대신할 무언가를 급조하기를 바랍니다. 보이는 신상의 욕망을 채워주는 식의 일시적인 존재 방식은 보이지 않는 하나님의 우리 욕망을 넘어서는 영원한 개입과 인도를 이길 수 없습니다.

출애굽의 길에서 드리는 기도

주여! 보이지 않으나 살아 계신 하나님을
신뢰하는 믿음을 우리 안에 새겨 주소서.
우리의 손이 빚은 신들이 주는 거짓 확신보다
보이지 않는 주가 주시는 온전한 길에 서게 하소서.

움직이시는 하나님

출애굽기 40장 36~37절
구름이 성막 위에서 떠오를 때에는 이스라엘 자손이
그 모든 행진하는 길에 앞으로 나아갔고
구름이 떠오르지 않을 때에는 떠오르는 날까지 나아가지 아니하였으며

금송아지 이야기는 단순한 우상 숭배의 일탈이라기보다, 출애굽한 백성이 보이지 않는 하나님을 견디지 못한 조급함이 배반으로 폭발한 사건이었습니다(출 32:1~6). 그 파열음은 결코 가볍지 않았습니다. 그들은 마땅히 하나님의 징계를 받아야 했습니다. 그러나 출애굽 구원의 하나님은 당신 백성과의 관계를 단절하지 않으셨습니다. 오히려 당신의 종 모세를 다시 부르셔서 “내가 그들 중에 거할 성소를 그들이 나를 위하여 지으라”고 말씀하십니다(출 25:8). 하나님께서는 심판 이후에 거리 두기나 유예에 머무르지 않으셨습니다. 대신 당신 백성의 회복을 향한 적극적인 조치에 곧바로 나아가셨습니다. 모세는 산 위에서 성막(the tabernacle)의 설계를 받았고(출 25~30장), 금송아지 사건 이후 언약이 갱신된 뒤(출 34:10), 성막 건축은 마침내 완수됩니다(출 35~39장). 그리고 “구름이 회막에 덮이고 여호와의 영광이 성막에 충만”합니다(출 40:34). 하나님께서는 배반의 자리라 할지라도 떠나지 않으시고, 임재의 거처를 그 백성 한복판에 세우십니다.

광야에서 성막은 예배 공간 이전에 이동의 기준점이었습니다. 하나님께서는 성막에 머무르셨지만, 그 머무심의 지리적 위치에 정주하지 않으셨습니다. 여호와 하나님의 임재를 나타내는 구름이 떠오를 때 백성은 나아갔고, 구름이 머무를 때 그들은 멈추었습니다(출 40:36~37, 민 9:15~23). 이것은 광야 행진의 방향과 속도를 하나님께 전적으로 위임하는 훈련이었습니다. 결국 오홀리압과 브살렐이 지은 성막은 하나님을 붙들어 두는 장치가 아니라, 하나님께 붙들린 공동체의 이동을 가늠하는 지표였습니다. 하나님께서는 당신의 임재로 백성의 포로가 되지 않으셨습니다. 오히려 선도(先導)의 방식으로 백성의 인도자가 되셨습니다. 하나님은 앞서 가셨고, 백성은 뒤따랐습니다(출 13:21~22, 출 40:36~37). 임마누엘 하나님은 이렇게 매일의 이동 속에서 체화되었습니다.

성경은 처음부터 하나님을 '움직이시는 분'으로 증언합니다. 창조의 첫 장면에서 하나님의 영은 수면 위를 운행하셨고(창 1:2), 출애굽의 여정에서도 하나님께서는 시내산에 고정되지 않으시고 장막 가운데서 백성과 함께 움직이셨습니다(출 40:38). 포로기의 환상에서도 마찬가지입니다. 선지자 에스겔이 본 하나님은 예루살렘 성전에 붙박인 신이 아니라, 영광의 병거를 타고 그발 강가로 나아가 포로된 당신의 백성과 함께 거기서 움직이시는 하나님이었습니다(겔 1:1; 10:18~19). 신약에 이르면 그 이동은 절정에 이릅니다. 예수님께서는 하늘로부터 땅으로 이동하여 내려오신 하나님이셨습니다(요 1:14; 빌 2:6~8). 아들의 모습으로 구원의 섭리를 드러내신 하나님은 언제나 역사의 현장, 구원이 요청되는 자리로 이동하십니다.

광야는 형식과 내용이 굳건한 애굽의 도시와는 다른 방식의 삶이 흐른다. 그곳은 질서와 체계, 예측 등이 무너지고, 모든 것이, 심지어 바위조차 물처럼 깎이고 흐르는 곳이다. 광야에서의 삶은 인간이 교만으로 빚어내고 지키려 하는 정형에 어울리지 않는 하나님의 무시간적인 비정형으로 흐른다. 사진은 시나이반도 아인 쿠드라에 있는 유명한 버섯바위이다.

출애굽의 길 묵상은 결국 이 '움직이시는 하나님'을 따라 사는 삶으로 우리를 이끕니다. 하나님은 구원의 역사와 새 창조를 위해 스스로를 역사 속에 운행하시는 분이십니다. 그러므로 구원을 경험한 우리는 더 이상 애굽의 정주민이 아닙니다. 우리는 하나님을 따라 이동하는 사람들, 영적 유목민(spiritual nomads)입니다. 머무름보다 이동의 순종이 우선이고, 안정감보다 떠나라는 부르심이 앞섭니다. 구름이 떠오를 때 나아가고, 구름이 머무를 때 기다리는 삶, 그 신앙의 실전적 리듬 속에서 믿음은 성숙합니다. 하나님이 움직이시면, 우리도 움직입니다. 이것이 출애굽의 길에서 배운 가장 분명한 운영 원칙입니다.

출애굽의 길에서 드리는 기도

주여! 언제나 앞서 움직이시는 주님의 구름을 따라
언제든 움직일 수 있는 믿음의 순발력을 우리에게 주소서.
구원의 은혜를 경험한 자답게 애굽의 안락함에 머물지 않고,
주님이 가리키시는 길 위에서 순종으로 이동하게 하옵소서.

진을 이루어 나아가다

민수기 9장 23절
곧 그들이 여호와의 명령을 따라 진을 치며
여호와의 명령을 따라 행진하고 또 모세를 통하여 이르신
여호와의 명령을 따라 여호와의 직임을 지켰더라

출애굽기는 하나님께서 이스라엘 자손을 세우시고 그들 가운데 성막으로 임재하시는 장면으로 마무리됩니다. 그리고 레위기를 지나 민수기는 시내산 이후, 광야로 이어지는 여정을 본격적으로 펼쳐 보입니다. 특별히 민수기 1장부터 9장까지의 흐름은 성막 완공 이후 이스라엘 공동체가 '어떻게 움직일 준비를 갖춘 백성'으로 빚어졌는지를 차분히 보여 주는 대목입니다. 하나님께서는 모세를 통해 백성을 계수하게 하시고, 각 지파를 성막을 중심으로 동서남북에 배치하셨습니다(민 1:2~3, 2:1~2). 레위인은 성막 가까이에 서서 거룩한 중심을 지켰고(민 1:50~53), 열두 지파는 성막과 레위인을 둘러싸 각 방향에서 자기 깃발 아래 질서 있게 진을 이루었습니다(민 2:2). 이 모든 준비는 전쟁을 위한 군사 편제가 아니라, 하나님의 임재를 중심에 둔 거룩한 행진 대형이었습니다. 성막이 세워지고 구름이 그 위에 머무는 동안, 백성은 하나님의 움직임에 민감하게 반응하는 광야의 삶으로 들어갔습니다.

시내산 앞에서 완성된 이 진 구성과 이동 방식은 단순한 효율의 문제가 아니었습니다. 그것은 하나님이 어떤 분이신지를 세상 속에서 드러내기 위한, 사명을 향한 신앙의 형식이었습니다. 하나님은 세상을 흔드시지만 혼돈(chaos)의 신이 아닙니다. 하나님은 교만한 바벨을 무너뜨리시고 혼란을 초래하시지만 여전히 질서(cosmos)를 지향하시며 창조하시는 신입니다. 성막을 중심으로 한 배치는 하나님이 공동체의 주변이 아니라 중심에 계심을 선언하는 것이고, 구름의 머묾과 떠남을 따르는 행진은 인간의 판단보다 하나님의 말씀을 우선하는 삶의 태도를 가르칩니다. 하나님의 임재와 이동을 중심에 둔 이스라엘의 광야 행진은 즉흥적인 감정의 결단이 아니라, 말씀에 응답하는 순종의 리듬이었습니다. 질서는 통제의 언어가 아니라, 임재와 섭리를 보존하고 드러내기 위한 사명 실천의 구조였습니다.

하나님 백성의 이 질서 있는 행진은 성경 전반에 반복되는 하나님의 방식이기도 합니다. 아브라함은 무작정 떠나는 방랑자가 아니라, "내가 네게 지시할 땅"을 향해 부르심을 받은 순례자였습니다(창 12:1). 모세 역시 자신의 열광이 아니라 하나님의 체계적인 부르심과 인도하심 가운데 지도자로 세워졌습니다(출 3:10). 여호수아는 무질서한 돌진이 아니라, 언약궤를 앞세운 행진으로 요단을 건너 가나안으로 나아갔고(수 3:3), 예수님께서는 제자들을 각자의 자리와 관계 안에서 둘씩 보내셨습니다(막 6:7). 오순절의 성령 강림 또한 준비 없는 에너지의 폭발이 아니라, 한곳에 모여 기도하던 공동체 위에 임한 질서 있는 파송이었습니다(행 2:1~4). 하나님의 일은 언제나 부르심과 세우심, 그리고 질서 있는 보내심이라는 구조를 따라 전개됩니다.

광야의 삶이 애굽 세속 도시의 삶에 비해 비정형이라는 것은 막연한 방종의 혼란을 의미하지 않는다. 광야에도 길은 있다. 하나님께서 내시는 길이다. 그 길을 하나님의 인도와 보호와 섭리를 따라 나아가다보면 어느새 하나님께서 보내시는 땅, 우리 헌신으로 채워야할 사명의 자리가 등장한다. 사진은 옛날부터 유명한 요단강 동편 '왕의 대로'이다. 모세와 이스라엘은 이 길을 따라 올라가 가나안으로 건너갔다

그러므로 출애굽한 하나님의 백성이 세상 속 사명의 자리를 향해 나아가는 행진 역시 하나님의 뜻과 방식에 근거한 질서 있는 모습이

어야 합니다. 그것은 애굽의 지나치게 견고하고 고착된 방식도 아니고, 광야의 사구(砂丘)처럼 방향을 잃은 분방함도 아닙니다. 하나님의 질서는 생명을 억누르지 않으며, 하나님의 은혜는 온전함을 위한 질서를 무너뜨리지 않습니다. 하나님께서 세우신 중심 안에서 각자의 자리와 속도를 존중하며 나아갈 때, 하나님의 구원의 도리는 온전히 드러나고 그 능력은 삶의 자리에서 실현됩니다. 출애굽의 길은 결국, 은혜로운 질서를 입은 백성이 하나님과 함께 세상으로 걸어 나가는 행진입니다.

출애굽의 길에서 드리는 기도

주여! 세상이 주는 헛된 두려움 대신
주의 깃발 아래 서게 하소서.
우리의 부족함을 훈련으로 바꾸시고,
하나님 나라를 위한 군대로 우리를 세워 주소서.

Forty day Meditations for Spiritual Pilgrims

Epilogue

끝나지 않은 길

시편 78편 52절
그가 자기 백성은 양 같이 인도하여 내시고
광야에서 양 떼 같이 지도하셨도다

출애굽은 애굽을 떠나는 순간, 그 유명하고 극적인 유월절과 홍해 사건으로 완성되지 않았습니다. 견고한 고체처럼 굳어 있던 세계, 예측 가능했으나 숨 막히던 애굽의 질서에서 벗어나는 일은 진정한 하나님의 백성이 되는 출애굽 여정의 시작에 불과했습니다. 시내산에서 계명을 받고 성막이 세워졌을 때, 이스라엘 자손은 이미 하나님의 백성으로 불리기 시작했지만, 그 이름에 어울리는 삶은 아직 과정 위에 놓여 있었습니다. 최종 성취는 결국 하나님께 달려 있었습니다. 그래서, 당신 백성의 온전한 구원을 위해 하나님께서는 먼저 움직이셨습니다. 이스라엘 자손은 출애굽의 여정 내내 하나님의 인도를 받았습니다. 구름이 떠오르자 이스라엘의 진은 움직였습니다. 하나님께서는 당신의 백성을 당장의 도착지가 아니라 완성을 향한 여정으로 이끄셨습니다. 출애굽의 길은 머무름의 신앙이 아니라, 방향 있는 이동의 신앙이었습니다.

시내산을 출발한 이스라엘 자손은 시내산 동북편으로 이어지는 오래된 와디길을 따라 올라가 바란 광야에 들어섰다. 이스라엘 자손은 그 길을 하나님 중심 진을 형성해 걸었다. 그러나 그 길이 온전하여 순적하고 평안한 행진만 있었던 것은 아니다. 그들은 시내산을 떠난 이래 줄곧 의심과 불만과 불순종을 드러냈다. 사진은 이스라엘 자손이 다베라와 기브롯핫다아와를 지나 도착한 샘이 있는 오아시스, 하세롯의 오늘날 모습이다.

광야길은 분명 자유로웠습니다. 그곳에는 애굽의 압제도, 노역의 고통도 존재하지 않았습니다. 그러나 동시에 광야는 끊임없이 불안정한 공간이었습니다. 결국 시내산 이후 이스라엘의 진에서는 연이어 문제가 발생했습니다. '다베라'에서는 대열의 끝에서 시작된 불평이 불처럼 번졌고, '기브롯핫다아와'에서는 개인의 욕망이 결국 그들의 무덤 이름으로 남았습니다. 하세롯에서는 모세를 향한 불만이 관계의 균열로 드러나 공동체의 상처를 남겼습니다. 그러나 이 모든 장소는 하나님께서 정하신 훈련의 길을 벗어난 지점이 아니었습니다. 오히려 그 이름들은 길 위에서 드러난 인간의 연약한 실상을 증언하는 표지였습니다. 방종과 조급함, 애굽으로 돌아가고 싶은 회귀의 유혹은 광야를 걷는 동안 반복되었습니다. 그때마다 하나님께서는 노하셨을지언정 동행을 거두지는 않으셨습니다. 이스라엘은 넘어졌으나 길을 버리지 않았고, 하나님은 실망하셨으나 백성을 놓지 않으셨습니다.

광야는 형태가 고정되지 않은 공간이었습니다. 애굽처럼 단단히 굳은 세계와 달리, 광야는 늘 흔들리고 변화했습니다. 그러나 바로 그 유동성 속에서 하나님께서는 백성을 다듬어 가셨습니다. 애굽을 떠난 이스라엘은 한때 자신들을 담고 있던 단단한 그릇을 잃었습니다. 그릇이 사라지자 모든 것은 부서지고 흩어졌고 흘러내렸습니다. 그러나 하나님께서는 그렇게 흩어진 이스라엘을 다시 섞으시고, 다시 모으셔서 서서히 하나의 모양을 갖추게 하셨습니다. 사명의 땅 가나안에 어울리는 사람들, 제사장의 나라요 거룩한 백성으로 합당한 삶의 형태를 빚어 가신 것입니다. 사십 년이라는 시간은 실패의 기록이기보다, 하나님께서 끝까지 동행하신 인내의 증언이었습니다. 목적지는 멀었으나 방향은 분명했고, 걸음은 더뎠으나 여정은 멈추지 않았습니다.

하나님의 백성은 세상 가운데 박해와 조롱 가운데 힘든 삶을 살아간다. 하나님의 백성은 그러나 세상에 불평하지 않으며 오직 하나님의 구원만을 바라고 기도한다. 사진은 카이로 모카탐 산 정상에 있는 성 시몬의 교회에 있는 무두장이 시몬(Simon the Tanner)의 부조다. 이사야 19장의 예언을 굳건하게 믿던 콥틱 기독교인인 그는 10세기경 파티마 왕조 칼리프 알 무이즈 핍박 속에서도 오직 하나님을 향한 기도로 시련을 이겨낸 성인이다.

그래서 출애굽의 길은 고대 광야를 걸었던 이스라엘 자손의 이야기로 끝나지 않습니다. 세상의 애굽에서 해방된 하나님의 백성은 오늘도 자유의 광야를 걷습니다. 다베라와 기브롯핫다아와, 하세롯과 같은 이름들이 다시 등장하더라도, 하나님의 백성은 성막 위에 머무는 구름을 바라보며 자기들의 길을 이어 갑니다. 출애굽 길 위의 신앙은 완벽한 순종의 서랍속 박제된 비망록이 아니라, 하나님과 함께 끝까지 걷는, 오늘까지도 계속되는 하루하루 실패의 기록을 담은 책상 위 일기장이기 때문입니다. 궁극의 목적지인 가나안은 아직 도래하지 않았지만, 그 방향을 잃지 않는 한 출애굽의 여정은 여전히 하나님 안에 있습니다. 출애굽의 길은 끝나지 않았습니다. 오늘도 우리는 자유한 광야길 위에서 하나님과 함께 꾸준히 앞으로 나아갑니다. 우리가 마침내 형태를 얻고, 모양을 가다듬어 하나님의 백성으로 온전히 서는 그날까지, 그 행진은 계속될 것입니다.

출애굽의 길에서 드리는 '마지막 기도'

주여! 견고한 애굽에서 우리를 이끌어 내시고
자유한 광야길로 부르신 하나님,
다베라와 기브롯핫다아와, 하세롯의 흔들림 속에서도
우리를 버리지 않으시고 끝까지 동행하여 주옵소서.
구름이 머무를 때 멈출 줄 알게 하시고
구름이 움직일 때 다시 걸을 용기를 주셔서,
마침내 가나안을 향한 이 길에서
하나님의 백성다운 모양으로 빚어지게 하옵소서.

고대 이집트와 출애굽 경로
(창세기 39장부터 민수기 9장)